Couverture inférieure manquante

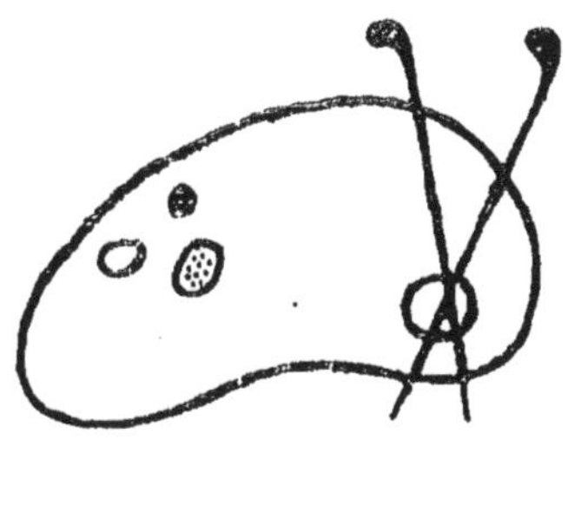

Début d'une série de documents en couleur

EUGÈNE FOURNIÈRE

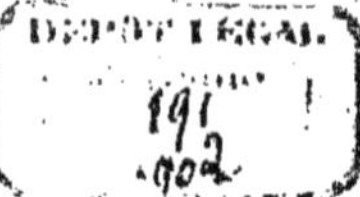

L'AME DE DEMAIN

ÉDITION DÉFINITIVE

PARIS
BIBLIOTHÈQUE-CHARPENTIER
EUGÈNE FASQUELLE, ÉDITEUR
11, RUE DE GRENELLE, 11
1902

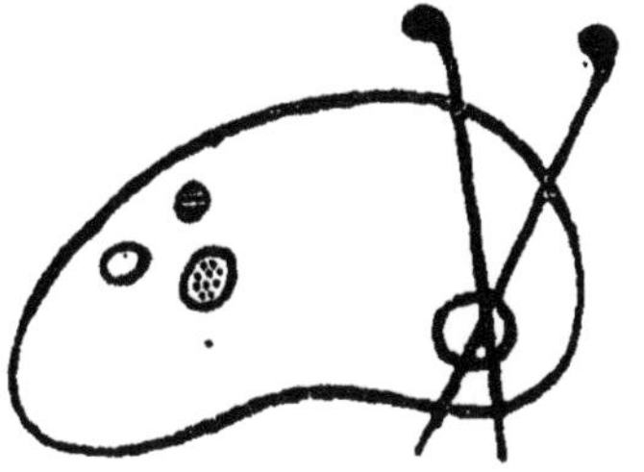

Fin d'une série de documents
en couleur

L'AME DE DEMAIN

EUGÈNE FASQUELLE, éditeur, 11, rue de Grenelle, Paris

DU MÊME AUTEUR

DANS LA BIBLIOTHÈQUE-CHARPENTIER A 3 fr. 50 LE VOLUME

Chez nos petits-fils. . . . . 1 vol.

EUGÈNE FOURNIÈRE

L'AME DE DEMAIN

ÉDITION DÉFINITIVE

PARIS
BIBLIOTHÈQUE-CHARPENTIER
EUGÈNE FASQUELLE, ÉDITEUR
11, RUE DE GRENELLE, 11
1902

AVERTISSEMENT

Quand cet ouvrage parut dans sa première forme, certaines gens vivaient encore et certains événements étaient encore à naître. De ces gens, quelques-uns sont morts ; mais comme je n'ai attaqué en eux que leurs idées et l'influence qu'elles ont eue, qu'elles continuent d'avoir, je ne supprime, dans cette nouvelle édition, pas une ligne de mes jugements sur eux. Cela m'a permis de solliciter du libre esprit qu'est Eugène Ledrain l'autorisation de reproduire la préface qui parut en tête de la première édition, et ceci est un profit pour le lecteur.

Les événements nouveaux n'ont apporté, eux non plus, aucun changement à l'œuvre primitive. Ils m'ont seulement contraint, ayant été pour tous les êtres pensants une occasion de s'examiner et de se classer, à y ajouter deux chapitres qui sont, à mon point de vue, un développement et non une modification.

Enfin, j'ai tenu d'autant plus à conserver la dédicace que celui à qui je l'adressais n'est plus. Il l'avait cordialement accueillie sur son lit de souffrance. Je la dépose pieusement sur sa tombe, qui l'agréera.

E. F.

EUGÈNE FOURNIÈRE

Je ne connais pas d'homme plus complexe et plus difficile à noter que M. Fournière. Orateur entraînant devant les foules, il ne semble rien retenir de sa parole quand il prend la plume. Sa phrase, pleine de mots rares, de sous-entendus, ne se distingue pas précisément par la simplicité. Il faut, pour le bien saisir, une certaine initiation, de sorte que beaucoup de profanes seraient parfois fort embarrassés devant tant de préciosités, de contours étudiés, de subtilités philosophiques.

Son esprit se plaît dans les choses dites à demi, et dont il laisse à ses lecteurs le soin de deviner le reste. Ce n'est pas là le procédé de l'orateur, qui amplifie pour se faire plus facilement comprendre, et répète la même idée sous dix formes différentes dans la crainte qu'elle n'échappe aux oreilles de ceux qui l'écoutent. Je défie qui n'est pas au courant de la mêlée littéraire et philosophique, qui en ignore les principaux acteurs, de se reconnaître dans les pages de M. Fournière. Mais quel agrément pour les autres de retrouver les noms, de travailler avec l'auteur, de mettre de leur propre esprit dans son œuvre !

Et au milieu de ces demi-indications, de ces subtilités, de cette science parfaite des hommes et de leurs doctrines, quelques chaudes pages d'amour, dans lesquelles éclate le talent poétique et dramatique de M. Fournière, qui s'est essayé au théâtre, et qui certainement y reviendra. Les têtes amoureuses et tourmentées de Chiffon et de Marthe font leur apparition dans l'*Ame de Demain*, en même temps que la face cynique de Lirotte, un de ces *Neveux de Rameau*, comme il en paraît encore, en longs cheveux, dans les brasseries de Montmartre.

Après avoir marqué le procédé de M. Fournière et l'impression générale qui naît de son œuvre, essayons de bien saisir les pensées enfermées dans les phrases précieuses. A quoi s'est attachée la *critique* de M. Fournière — car l'auteur est avant tout, dans ces pages, le contraire du *snob* ? Il ne donne pas dans les admirations plus ou moins justifiées de ses contemporains, pour tel ou tel écrivain, et pour tel ou tel penseur. Si ses opinions l'ont jeté du côté des foules, il ne croit guère aux guides des foules. Tous ceux d'aujourd'hui et d'hier passent à son crible fin, dans l'*Ame de Demain*, et n'y laissent pas grand'-chose d'eux-mêmes.

Pas d'injures ni de grossièretés ; il montre le peu qu'ils sont, mais sans rien rabaisser de leur talent. Il ne pousse même pas l'agression jusqu'à les nommer, ne désignant que par leurs qualités et surtout par leurs défauts MM. Jules Simon, Vogüé, Renan, et d'autres qui valent peut-être moins la peine que l'on s'occupe d'eux.

M. Fournière, dans ses jugements, n'a-t-il pas raison ? Qu'ont apporté ceux qu'il appelle

« les conducteurs attitrés de la jeunesse » ? Ils avaient fait de pompeuses promesses, comme s'ils allaient renouveler la face du monde intellectuel. Avec quel mépris M. Simon a traité son maître Victor Cousin ! de quel dédain l'a poursuivi M. Taine ! quelle réformation des esprits annonçait au début, avec éclat, M. Renan ! Mais, hélas ! ils n'ont rien fourni de mieux que leurs devanciers, s'épuisant à tourner la même roue et ne quittant pas l'immuable tradition. Ils ont prédit des merveilles, mais qu'ont-ils fait pousser de nouveau sous le soleil ? Ç'a été cette immense tromperie que M. Brunetière, après beaucoup d'autres, nomme : « la banqueroute de la science ».

Heureusement que la science n'était pas avec eux, avec leurs rêves. Simples lettrés, simples fabricateurs de phrases, ils n'avaient que des mots dans leur tête et au bout de leur plume ; c'étaient des littérateurs purs, tout comme M. Brunetière, c'est-à-dire fatalement des banqueroutiers. Mais pendant qu'ils s'épuisaient en verbes et en adjectifs, la science faisait son œuvre, surprenait des mystères ; la philologie et la biologie constataient des faits nouveaux, transformaient l'esprit et la matière.

Oui, je suis de l'avis de M. Fournière, pas un prédicateur de morale, pas un philosophe contemporain idéaliste ou matérialiste qui ne nous ait déçus. Ceux qui nous ont encore le moins trompés, ce sont, et peut-être M. Fournière ne sera-t-il pas tout à fait de ce sentiment, les positivistes et surtout ceux d'entre eux comme Littré, à qui M. Jaurès semble reprocher d'avoir complètement supprimé « la vieille chanson ». Je me garde de comprendre, sous le nom de positiviste, M. Taine, qui était tout le contraire, partant d'*à prioris*, commençant de poser l'étiquette et recueillant ensuite tous les faits qui s'y pouvaient adapter, après avoir soigneusement rejeté les autres. « Le Français, petit bourgeois incroyant, emprunte aux curés leurs anas imbéciles sur la Terreur ». Ce qui distinguait particulièrement M. Taine a été très bien saisi par M. Fournière. Il était atteint de bourgeoisisme avec le vice principal du bourgeois : la peur. Ce fut par crainte des émeutes de la rue qu'il écrivit son réquisitoire contre la Révolution française. Tout jeune, dès l'Ecole normale, on le jetait dans des états nerveux et des tremblements, en lui parlant d'insurrection et d'insurgés. Telle est la cause de ses *à prioris* historiques, et ce qui nous explique la façon très peu *positiviste* dont il a traité l'histoire de la *Terreur*.

Après avoir minutieusement détaillé *l'âme d'aujourd'hui*, et montré jusqu'à quel point il connaît, sans les trop estimer, les lettrés et les philosophes contemporains, mystiques et autres, M. Fournière devait nous dire ce qu'il attend pour demain, et ce que sera l'âme prochaine.

Je ne sais, moi, si elle vaudra beaucoup mieux que la nôtre. Qui aperçoit du nouveau en préparation ? On banquette fort autour de vieux artistes ; c'est une série de festins presque officiels, de toasts et de démonstrations vaniteuses. Nous sommes en pleine chinoiserie littéraire et en plein byzantinisme d'allures. Ce n'est guère avec cela que s'élaborent les beaux lendemains ; ce n'est pas en se rangeant autour d'hommes aussi étrangers à la haute culture et aux idées générales que l'on travaille aux renaissances.

Aussi *demain* ne sera-t-il pas probablement l'œuvre de ceux qui tiennent la plume, mais des bras vigoureux qui manient l'outil et font tourner la machine. *Demain*, avec ses justes répartitions, se prépare peut-être au fond des trous noirs où peinent les mineurs, et non, à coup sûr, autour des tables où l'on boit du champagne en l'honneur de Watteau.

Ceux qui ont distribué le pain de l'esprit l'ayant fourni falsifié et fade, sans jamais cesser au fond de prêcher l'égoïsme et le mépris de l'égalité, n'auront qu'à disparaître. *L'âme d'aujourd'hui* ne vaut rien. M. Fournière, en sa foi socialiste, nous annonce que celle de demain sera faite d'altruisme et d'équité.

Je le souhaite sans trop y compter. Je préfère les barbares réclamant, le lourd marteau en main, leur part au festin ; je les préfère infiniment aux arrangeurs de phrases, aux dégénérés. Qu'ils viennent, qu'ils couvrent de leurs clameurs les petits violons dont nos oreilles sont agacées ! Mes désirs s'unissent ici à ceux de M. Fournière, mais je n'ai pas sa ferme confiance dans l'avenir, et aux horizons prochains je n'aperçois malheureusement rien de ce qu'il annonce.

E. LEDRAIN.

DÉDICACE

A Paul Guigou

Pourquoi, mon cher ami, pensais-je davantage à vous, à mesure que s'approchait de son terme cette tâche entreprise avec la fougue imprudemment joyeuse d'un esprit sûr de se satisfaire enfin, continuée avec peine dans les rares et trop espacés loisirs d'une existence errante et remplie de besognes actives, achevée avec soulagement et presque autant par amour-propre que par nécessité de me débarrasser de leur obsession en donnant une forme à mes pensées ?

Comment, parti en guerre contre les évocateurs du rêve d'hier, douteurs des réalités d'aujourd'hui et surtout de demain, en suis-

je venu à vous offrir, à vous, mystique et dilettante, artiste de l'art pur, ces pages qui heurteront parfois avec rudesse vos plus intimes sentiments ?

Vous m'avez donné votre amitié, qui m'a été d'une grande douceur. Et la mienne, plus turbulente, peut-être plus égoïste, vous tire pour la seconde fois de la quiétude où se complaît votre sagesse. Ce n'était pas assez pour moi de vous priver trois longs mois d'un repos aussi nécessaire à votre santé qu'à l'essor de votre harmonieuse rêverie, pour vous contraindre à des travaux où l'amitié seule vous engageait et vous jeter dans des combats ou plutôt des bagarres, où se rompirent des relations précieuses pour vous, puis de vous laisser, seul et songeur, mais debout, sur les ruines dont notre défaite joncha le champ de bataille : il faut encore que je vienne, après une telle crise, vous déranger dans votre après tout si enviable ataraxie.

Mon excuse est dans ma démarche elle-même. Souffrez donc cette seconde et nécessaire irruption à travers les mille pensées délicates et magnifiques dans lesquelles vous

vous êtes réfugié, tel un amateur au milieu de ses trésors d'art.

Vous vous rappelez peut-être certain jour de l'avant-dernier été et certaine conversation dans ce café, rendez-vous de nos cadets, qui ont déjà donné à Paris le poète M..., le peintre L..., le journaliste T..., le romancier B..., et lui enverront demain le sculpteur P..., le polémiste C..., et l'auteur dramatique F..., que le Théâtre-Libre aura fait connaître quand vous lirez ceci. A peine échangées les questions sans réponse sur notre mutuel état physiologique, encore que nous ne nous fussions vus de deux ans, nous causâmes idées. J'en étais arrivé à la deuxième période de gestation de ce petit livre, celle où l'on raconte plus qu'on n'écrit, tant par chagrin de ne pouvoir avancer que pour ne point avoir tout à fait perdu sa peine. Le capiteux apéritif qui ne se goûte bien que sous votre ciel ardent m'avait mis en verve, et aussi le fin sourire de vos yeux dont les sots ne soupçonneront jamais l'ironie, bienveillante parce qu'heureuse d'être excitée ; bref, j'étais un Ferrals très affirmatif.

A un moment, souvenez-vous ! vous m'avez coupé d'un :

— Qu'est-ce que la vérité ?

J'étais battu par Camille. Mais comme j'ai, après tout, l'esprit de l'escalier, ce qui vaut mieux que de n'en avoir d'aucune sorte, une fois dans le wagon qui me ramenait vers la petite ville du Centre où m'avaient exilé les contingences dont se forme malheureusement le principal de notre vie de relation, je m'avisai que Pilate aussi posa cette question et, sans attendre la réponse, alla se laver les mains.

Pilate recourut à son lavabo parce que les querelles des Juifs subtils et grossiers intéressaient peu son esprit élégant, nourri de la pensée hellénique, entre toutes substantielle et choisie. Est-ce pour la même cause que vous m'avez posé la même question ? J'y répondrai alors en vous montrant les Nazaréens vainqueurs, imposant au monde « leur vérité » dix-huit siècles d'affilée.

Etre le plus fort, direz-vous, ne prouve rien. Eussions-nous tous les gages de victoire, il nous resterait à démontrer la justice de notre cause. Mais votre question même vous force à me concéder que la justice est toujours, en ses formes mouvantes, l'expression des nécessités du temps et du milieu. Voilà donc le problème résolu et Pilate n'a plus qu'à fermer le robinet de son lavabo.

Pilate est sceptique parce qu'il a voyagé ; il connaît autant de formes de la vérité qu'il a traversé de provinces. Vous avez commencé encore adolescent vos explorations à travers les idées ; à l'âge où l'on est à peine admissible au baccalauréat, vous avez reçu les encouragements et les applaudissements de Livingstone-Renan et de Stanley-Taine ; fatigué de vos excursions aux pays réels, vous avez laissé vos rêves vous conduire à la Thulé mystérieuse, votre « Patrie élue », que vous avez célébrée en un inoubliable poème : vous avez construit au milieu d'océans imaginaires les cathédrales chimériques, refuge de ceux que froissent les brutalités de la vie active : Cela est fort beau, et de très haute noblesse. Vous avez ainsi trouvé le salut individuel.

Ferrals, lui, cherche le salut social. Conscient de sa faiblesse, il appelle à lui les plus intelligents et les meilleurs. Il connaît la puissance du rêve, et veut utiliser cette puissance à des fins provisoires, sans doute, mais nécessaires. Aux idéaux faits de souvenirs et de regrets, il veut substituer l'idéalisme évolutionniste qui prévoit et donne à espérer. Il pense, et le dit, que les ailes de la chimère n'ont pas pour fonction de se replier sur les œufs « clairs » de la métaphysique en d'inutiles efforts d'incubation, mais d'emporter très haut dans leur essor nos aspirations et nos désirs, afin d'élargir un peu la prison où languit notre pauvre humanité.

Songez, mon ami, que les prolétaires, à qui vous portez un si tendre amour, n'ont plus rien aujourd'hui. La science leur a ravi tout espoir et toute consolation. Comment satisfaire leur besoin d'idéal, à présent que les dieux sont morts ? Supporterez-vous qu'ils retournent à l'animalité de jadis, et que la recherche du pain soit désormais leur unique souci ? Il faut travailler à rendre aux déshérités leur part légitime de nourriture corporelle et spirituelle. Nous aurons seulement déplacé l'axe de la souffrance humaine, puis-

que, hélas! souffrir est la loi. Mais, n'importe! libérons l'estomac pour que le cerveau puisse s'élever aux torturantes recherches qui font les délices des penseurs et que le cœur puisse s'ouvrir aux douleurs pures et fécondes de l'amour universel.

Adieu, cher Camille, de qui j'ai rendu si imparfaitement quelques traits. Vous m'avez prouvé naguère (et cela augmente mon regret) quelle aide puissante un contemplatif tel que vous pourrait donner aux maladroits actifs que nous sommes. Adieu, Ferrals retourne seul au combat, mais, grâce à vous, mieux équipé. Puissent les armes d'Achille n'être point trop lourdes dans ses mains.

E. F.

22 novembre 1893.

L'Ame de Demain

I

CAMILLE A FERRALS

OU ALLER MAINTENANT?

Paris, 8 novembre.

Vous voulez, monsieur, lire dans l'âme d'un jeune, et vous sollicitez mes confidences. Je veux bien me prêter à l'essai que vous prétendez faire, en pure perte, je le crains fort. Le livre que je suis est chargé de tant de ratures, j'ai moi-même tellement conscience de la puérilité et de l'*incohésion* des pages les moins illisibles, que j'eusse refusé de m'ouvrir à vous sans la promesse formelle, et bien téméraire, de ne vous moquer ni ne vous rebuter du désarroi mental et moral ici attesté et de tout mettre en œuvre pour donner à ma volonté un ressort et à ma vie un but.

Déjà vous avez obtenu un grand résultat. Vos paroles, lors de nos promenades nocturnes du mois dernier, m'ont amené à vouloir fondre en un être unique les multiples individus que je suis. Non, ce n'est pas tout à fait cela ; je n'ai pas acquis cette complexité d'esprit pour retourner de gaieté de cœur et de propos délibéré à la simplicité de la brute. C'est plutôt ceci : J'entends garder ma complexité, marque de supériorité, mais j'en veux ordonner les éléments, les combiner, sans que chacun d'eux perde son autonomie. Je veux, *tout simplement*, réaliser en ma personne la Sainte-Trinité.

Ne riez pas de ces mots, et voyez la pensée qu'ils cachent. Même si elle est sans valeur, ne la dédaignez pas, car c'est par vous qu'elle m'est venue. Oui, vous m'avez donné cette ambition, ce nouveau tourment. Certes, cette pensée était en puissance dans mon esprit, mais vous l'avez extraite. Laissez-moi donc vous expliquer ma comparaison mystique, et tâchez de saisir le corps là même où vous n'en aurez aperçu que l'ombre. Je sens en moi le *Père*, la longue suite d'aïeux de qui je sors et dont je reproduis les gestes, et aussi le *Fils*, qui m'apporte par tous les pores de mon être sensible des contacts nouveaux. Mais, en moi, le Fils ne procède pas du Père, ou du moins je ne le sens pas. Tout ce que celui-ci me légua est combattu à mesure par tout ce que celui-là m'impose. Et l'*Esprit*, bien loin d'être le coordonnateur, ne me montre que sa face critique. Le chaos est en moi.

Les physiologistes affirment que l'homme en santé ne se sent pas vivre et ne soupçonne pas même l'existence de ses organes. L'esprit qui voit ses propres opérations est donc souffrant aussi ? Si je ne le croyais pas, je refuserais net de me prêter à votre expérience. Pour établir le diagnostic de mon mal, qui est le mal de tous ceux de ma génération que la pensée dévorante dérobe à l'action sentie ou crue inutile, il me faut encore vous dire ceci : Je sens en moi, héritées du Père, des survivances blessées que le Fils m'ordonne cruellement d'achever. Mais je ne puis obéir, car je sens aussi qu'en moi les choses du passé ne refusent point de faire place à celles du présent et même de l'avenir. Ma pensée, en s'élargissant, ne les peut-elle contenir toutes !

Fatigué de ce combat intérieur, j'ai cherché la paix dans la foi. Mais, pour croire, il faut être simple d'esprit et de cœur. Je sentais qu'une messe fervente m'eût rendu le repos. J'en cherchai le rafraîchissement, à vingt reprises ; tel un animal égaré revenant au logis de son ancien maître et repartant chassé par des serviteurs inconnus de lui. Quand le prêtre, élevant son geste qui fait courber les fronts, opérait le mystère de la transsubstantiation, malgré moi je songeais à la transformation des espèces, la formule de Darwin se substituait à la formule sacrée et je m'enfuyais en ricanant de douleur, ruminant idiotement ceci : L'hostie, sans changer de forme, a changé de substance ; l'être, sans changer de substance, change de forme, éternellement.

Ces tentatives aggravaient mon état. J'avais beau revenir de toute ardeur à la science pure, le combat recommençait aussitôt. Car si la science prétend à nous donner le comment des choses, elle ne nous en donne ni ne nous en promet le pourquoi. A l'extrême rigueur, on pourrait se résigner à passer, recevant et transmettant le flambeau symbolique des fêtes religieuses d'Athènes; mais ignorer pourquoi on le reçoit et pourquoi on le transmet, penser qu'on peut l'ignorer toujours, c'est là un sujet de profonde tristesse, d'amer désespoir. Tous les fruits du jardin d'Éden me sont poison, s'il m'est interdit de goûter celui que je préfère, celui que j'ignore. J'accepte de mourir tout entier, puisque telle est la loi, mais je veux savoir à quelles fins...

— Imbécile, me dit le siècle savant et positif. Vis, jouis du bien qui t'échoit, évite le mal ou bien t'en accommode au mieux, et ne t'inquiète du reste, qui peut-être n'existe pas.

— Imbécile toi-même ! Comment pourras-tu te conduire, quelle sera ta vie intérieure et quelle ta vie de relation, si tu ne sais ton utilité entre les mains de Celui qui mène tes gestes ? Et si j'admets avec toi que l'Inconscient mène aussi ma pensée, son but obscur est donc que je tende à découvrir la raison des choses pour y conformer mes actes.

On ne vit pas seulement de rêve, encore que ce soit le meilleur. Comment se mêler aux gens de sa race, être parmi eux fils, amant, époux, père, citoyen, si on ne se sent rien de commun avec eux ? Je voudrais, je veux bien sincèrement être l'homme de Térence. Mais quelle religion fera cesser mon indifférence ? Par quel culte rentrerai-je dans la famille humaine ? Ceux qui croient sont absurdes, et ceux qui nient incomplets, sans âme. Les premiers croient par pur égoïsme : s'ils font le bien, c'est pour l'amour de Dieu, et leur dieu, c'est eux, qu'ils espèrent loger en paradis. Les seconds sont maintenus dans l'égoïsme primitif par leur incroyance : à quoi bon donner pour ne point recevoir ? Le monde moral ne fonctionne plus que par la force acquise ; mais déjà des organes s'arrêtent ; encore un peu de temps et tout se disloquera. La science, avec ses microscopes, aura si bien parcellé tous les éléments, ses réactifs les auront si bien décomposés, qu'à quiconque voudra parler idéal, devoir, vertu, honneur, éternité, mille savanteaux, produits de l'enseignement moderne, pourront répliquer en ricanant : — Des absolus, des abstractions ! Oh ! là là !...

Eh ! n'en suis-je pas déjà un peu moi-même, de cette triste engeance ! Est-ce que si ma vie intérieure est toute absorbée par une mystique aspiration vers une synthèse informulée, ma vie de relation n'est pas toute empoisonnée par l'obsession analytique ! Ainsi, je suis un sentimental (je vous ai promis une confession sincère) et pourtant je n'ai jamais pu consentir à être la dupe de mon cœur ; et j'ai sur la conscience quelques vilenies amoureuses dont je vous supplie de m'épargner le récit.

A présent, me connaissez-vous ? A tout le moins, devinez-vous mon âme, l'âme d'aujourd'hui, que désolent l'inanité de la foi et les brutalités de la science ? La cure que vous entreprenez, je l'ai tentée seul, ou plutôt j'ai cherché avec les jeunes gens de mon âge. Chose étrange, je me suis vite senti isolé au milieu d'eux. Des esprits très brillants, des âmes très saintes, m'entraînaient pour un temps dans leur orbe ; au moment où je me croyais en repos, une radicale incompatibilité me projetait au loin, et la nuit se reformait autour de moi. Mais je ne les quittais point assez vite que je ne m'aperçusse du factice et de l'emprunté de leurs lumières, et comme ils erraient.

La voix humaine est un si noble instrument que j'ai laissé avec joie les hermétiques rhapsodes du jour bercer mon inquiétude de leurs rythmes point obscurs pour qui se contente de percevoir et de sentir la couleur et le son des vocables précieux; mais les aigres disputes des esthétiques rivales m'ont sottement réveillé, et je suis allé ailleurs. La suave et puissante harmonie wagnérienne m'a donné un instant la sensation de l'unité dans l'infinie complexité ; mais j'ai commis la faute d'esquisser cette pensée devant un fanatique du Maître de Bayreuth ; le cuistre m'a fait une théorie, l'a appliquée à son piano, et je suis allé ailleurs. J'ai tenté de manier les engins des laboratoires ; mais je posais tant de questions, et on y répondait si peu... Je suis allé ailleurs...

J'ai demandé à un philosophe pourquoi l'on doit faire son devoir. Il m'a répondu : « Parce que c'est le devoir. — Mais encore? — Parce que votre conscience l'ordonne. — Et si je n'ai pas de conscience ? » Le philosophe n'a pas répondu, et je suis allé ailleurs. J'ai posé la même question à un matérialiste; il m'a répondu comme un curé: « Parce que c'est votre intérêt. — Et si mon intérêt n'est pas de faire mon devoir? » Il s'est tu, mais j'ai lu ceci dans ses yeux : « Alors ne le faites pas ». Je suis allé ailleurs : J'ai remué en bonne compagnie la cendre des antiques sagesses et dressé des autels aux dieux abolis, j'ai accepté les postulats les plus bizarres en faveur des conséquences spéculatives et morales possibles ; billets protestés partout, et c'est en vain que j'ai fait crédit au Bouddha et à la Cabbale. Je m'en suis allé.

Où aller, maintenant ? Si vous le savez, dites-le moi. Sinon, pourquoi êtes-vous venu arrêter ma chute ? J'allais me mettre à vivre de la vie ambiante et chasser de mon cerveau toutes ces fumées, au risque de le vider, avec l'espoir de le vider même, et d'y loger les idées de mes voisins, que je vois si heureux, insectes dansant un seul matin dans un rayon de lumière ; je disputerais sans conviction, par passe-temps, et ferais des plus graves problèmes un bref sujet de conversation quand tout serait dit sur les nouvelles que rapportent les journaux.

Si vous croyez que le sauvetage en vaille la peine, répondez-moi à Cannes, où je serai quand cette lettre vous arrivera.

CAMILLE.

II

FERRALS A CAMILLE

NOUS NOUS ÉLÈVERONS ENSEMBLE
VERS LA VÉRITÉ

Paris, 12 novembre.

Pour mon apprentissage de psychologue, mon cher camarade, vous me donnez un fameux écheveau à dévider. Tout d'abord, je pense que vous vous rendrez compte qu'une lettre ne me suffit pas pour vous connaître : vous vous y montrez tellement différent de ce que vous étiez dans nos causeries qu'il faut vous en prendre à vous seul. L'homme qui me parlait, dans les promenades que vous me rappelez, me semblait revenu de tout après avoir tout effleuré ; mais il traitait de toutes choses, et j'entends les plus graves, d'une manière tellement objective, il parlait avec tant de réserve dans le ton et dans les mots, il s'effaçait si bien quand il cédait au besoin de s'analyser, que cette lettre, si spontanée, m'a bouleversé. Et j'ai vu le vrai Camille, dépouillé de tout ce que les conventions actuelles, louables pudeurs morales en somme, mettent sur notre face et sur nos pensées.

A présent, est-ce bien le vrai que j'ai là, sous mes yeux, dans ces lignes où s'avoue une réelle angoisse ? N'êtes-vous pas plutôt l'autre, celui des nuits récentes, correct, froid, paisible et ne sortant pas du nuage de sa cigarette dans les absorbantes conversations où je me passionnais en dévorant un cigare éteint, trempé de salive ? Mais vous l'avez dit : vous êtes complexe ; j'ai donc de vous deux portraits également ressemblants, ou plutôt deux esquisses également incomplètes.

Mais où diantre prenez-vous que j'aie entrepris de vous guérir ? Je m'en serai donc vanté dans l'emballement de la discussion ! Si je vous ai réellement fait cette promesse téméraire, je dois au moins un peu de baume à vos blessures. Mais votre mal est de qualité si rare, le souci qui vous ronge est si noble

— ne pas consentir à limiter le réel aux contours que lui assignent nos sens incomplets encore — que vraiment j'hésite. Si vous étiez un artiste, je vous abandonnerais tout net à vous-même, assuré que votre peine enfanterait d'harmonieux chefs-d'œuvre. Homme de loisir, le mal vous dévore inutilement; je vous dois mon faible secours.

Puisqu'il est entendu que je ne prétends pas vous indiquer une orientation nouvelle (si j'ai pu vous le donner à entendre, je vous en demande pardon), laissez-moi vous dire quelle direction j'ai suivie et comment, parti de n'importe où, j'ai, par mille traverses, sinon acquis le bonheur et la certitude, du moins la paix intérieure et des règles de conduite relativement sûres. Et, d'abord, tenez pour certain qu'il vaut mieux s'appuyer sur des principes faux, mais bien liés entre eux, que de n'en avoir pas, ou d'en avoir trop et de contradictoires.

Confession pour confession : Pas plus que vous je ne suis un simpliste. L'homme d'aujourd'hui est nécessairement complexe, et je plains celui qui ne sent pas en soi se débattre le passé et combattre l'avenir. C'est vous dire si j'aime votre recherche inquiète et vos fières révoltes. Non, le ressort n'est pas brisé en vous ; il vous manque bien peu de chose pour être prêt à entrer dans la vie et collaborer à la grande œuvre, celle qu'on attend du siècle qui va s'ouvrir. Mais revenons à moi.

Je suis un homme de foi, et pourtant, je le répète, je suis un complexe. Croyez-vous, d'ailleurs, que l'idéal soit ouvert aux seuls hommes de foi ! Je tiens au contraire ceux de ce temps-ci pour les moins idéalistes des hommes. Aussi, et surtout, ceux du passé. Relisez le cruel et réaliste Dante, et vous me comprendrez. Je suis né croyant et ambitieux. Il n'est peut-être pas inutile, à ce propos, de vous dire les rêves de mon enfance, pour que vous sentiez ce qu'il en reste dans l'homme actuel. Mais tenez compte, je vous prie, que l'enfant est un imitateur, le singe des êtres qui l'approchent. Pourtant, ce que je m'efforçais d'imiter, ce n'étaient ni les tics de mon père ni les intonations de mon maître d'école. Mes imitations étaient purement cérébrales. A douze ans, après avoir lu *Athalie*, j'ai voulu faire une tragédie religieuse sur le grand schisme d'Israël, et je crois bien l'avoir poussée jusqu'au second acte. Vingt ans avant dom Pedro, j'ai libéré les nègres du Brésil et fondé avec eux un grand empire noir sur l'Amazone ; j'ai passé des après-midi à m'écraser le nez aux vitres et à me promener nu-tête au soleil pour ressembler à mes futurs sujets. Lors de la proclamation du dogme de l'infaillibilité, j'ai refusé l'absolution au confessionnal et rêvé d'une hérésie devant le petit autel installé dans un coin de ma chambre. Pendant l'occupation allemande, j'ai comploté l'expulsion de l'étranger par une insurrection de galopins, et je suis allé à Luxembourg pour acheter des armes ; j'en ai rapporté un cornet à bouquin. J'ai donc été Racine, Toussaint-Louverture, Calvin et Guillaume Tell. Jeune plante avide de lumière, je poussais ma tige vers elle, tournant à son gré, jamais flétrie et toute vibrante encore, la nuit, des rayons absorbés. Si bien qu'aujourd'hui encore, et pour toujours, je suis aussi ambitieux qu'à dix ans. Mais mon ambition a grandi : au lieu de paître le troupeau contemporain, j'explore et j'ensemence les plaines de l'avenir.

Eh bien, oui, j'avoue. Pardonnez-moi ma petite comédie, que m'a inspirée la défiance de mes forces. Oui, la vérité, la voici : Je veux être un éducateur, je veux travailler à faire l'âme de demain. Vous m'apportez la vôtre en toute confiance et dans toute sa sincérité; je ne dois ni ruser ni biaiser : J'accepte. Nous nous élèverons ensemble vers la vérité, et si dans l'essor je vous laisse échapper, ce ne sera pour vous que la fin d'une expérience manquée, pour moi ce sera la fin de toute expérience. Vous m'offrez une pierre de touche ; je ne la pouvais espérer plus délicate et plus rare. Bien que nous soyons jumeaux par l'âge et un peu par l'esprit, vous acceptez ma direction parce que vous sentez que j'ai, de nous deux, le plus souffert. Eh bien, donc, à l'œuvre ; abattons les broussailles qui entravent notre marche, la marche du siècle prochain ; desséchons les marais où va s'enfiévrer une jeunesse haletante, incapable, quand elle y a bu, de s'éloigner de leurs bords empestés ; ébranchons les chênes qui nous cachent l'azur. En avant !...

Mais c'est vous qui allez vous moquer. Vit-on jamais un tel manque de tenue parmi ceux de notre génération ! L'âme d'aujourd'hui a des manifestations plus discrètes, et voici que je hurle bataille comme un croisé. Vraiment, je ne suis pas dans le ton. Que voulez-vous ! C'est la marque de mon origine. Vous ai-je dit que je suis un enfant du peuple, du petit peuple ? L'un de mes aïeuls était concierge, l'autre paysan, et mon père ouvrier. Le premier fit la guerre avec Napoléon, le dernier avec Bugeaud. Moi, j'ai été successivement : ouvrier, camelot, comédien, mendiant, saltimbanque, commis, démagogue, soldat, ouvrier encore, journaliste, ouvrier de nouveau. A présent, j'écris pour vivre, et j'évite avec soin les écueils et les gouffres de ce dangereux métier.

Comment j'ai pu suivre une telle filière en n'y laissant que la santé de mon corps et par quoi j'ai été soutenu dans mon incessant élan vers le mieux mental et moral ? Par un irrésistible besoin d'être autre, d'être plus que je n'étais ; ouvrier, je ne cessais de travailler « de la tête » ; comédien, je rêvais à des drames qui me consolaient de la pauvreté de ceux que je jouais ; mendiant, je restais fier ; commis, je lisais en cachette derrière le comptoir ; soldat, je refusais les galons et j'attendais ma libération ; démagogue, j'aimais sincèrement le peuple et j'allais avec joie en prison étudier et rêver. Comme à tous les incultes, les chefs-d'œuvre ne me disaient rien d'abord ; je m'efforçai de les admirer ; je commençai par bailler, puis je compris, enfin j'eus des préférences ; et il m'est arrivé, à moi aussi, de lire Baruch. Et maintenant, où en suis-je ? J'ai lieu de me croire arrivé, puisque mon ambition est toute cérébrale; mais combien loin du but je me sens ! L'ambition que j'ai de gouverner l'homme de demain, celui qui naîtra quand je serai mort, doit-elle être satisfaite ? Bah ! si l'avenir m'en donne le démenti, je n'en souffrirai pas du moins l'humiliation. Vous voyez donc que j'ai choisi la bonne part, puisqu'elle ne me sera pas enlevée de mon vivant. Et encore, qui sait !...

Voilà votre confesseur confessé. Et vous n'en savez guère plus de lui qu'il n'en sait de vous. C'est qu'il est extrêmement difficile de se faire connaître d'un coup. Les machines compliquées qui exécutent les tâches supérieures ont mille rouages ; ces mille rouages se manifestent au fur et à mesure de la besogne qui leur est assignée. Besognons donc, et nous nous connaîtrons. Laissez-moi ajouter un trait à l'esquisse que je vous envoie : Je crois à la science et je crois à l'idéal. La science me fait ce que je suis, et je fais mon idéal ce qu'il est. Si j'étais allemand, je vous dirais que la science m'est objective et l'idéal subjectif.

Rentrons dans le confessionnal, et à votre tour. Je vais vous dire ce que vous avez oublié ou négligé de m'apprendre : Par vos ascendants vous appartenez à la portion libérale de la bourgeoisie ; il vous faudrait même remonter jusqu'à la cinquième génération pour y trouver un marchand ou un industriel. Vous fûtes de bonnne heure orphelin de père et peut-être vous avez été élevé par votre mère, en tout cas certainement par une femme. Vous avez fait vos études parce que c'est l'usage et qu'on ne peut ignorer ce que sont censés avoir appris les gens de votre monde. Mais vous n'avez eu en vue aucune utilité pratique ou théorique, votre existence étant assurée. Les plaisirs de la vingtième année, les joyeuses compagnies, les vacarmes dans les bals et les brasseries d'étudiants, les enrégimentements et les enrubannements ont passé devant vous, vous laissant froid et dégoûté.

Né maladif, d'esprit très affiné, vous avez voué votre vie au rêve et, fuyant l'action, vous avez hanté les cénacles de très fine littérature, de toute menue philosophie et d'ultra-subtile mysticité. Vous avez exacerbé votre sensibilité artistique en entassant des meubles d'il y a quatre cents ans et des bibelots venus de quatre mille lieues dans le boudoir où fument interminablement les stérilisantes cigarettes qui prennent le cerveau dans leurs spirales bleues et occupent les doigts si complètement, qu'ensuite une plume y'est lourde comme un marteau de forgeron.

Et le rêve vous a pris. Il vous a pris par la lâcheté de votre corps, organiquement débile, débilité encore par les solitaires plaisirs des nuits de lycée; il vous a pris par la disposition naturelle de votre esprit. Or le rêve qui ne s'efforce pas en réalisation extérieure se réalise en l'individu, car le rêve c'est de l'action en puissance, et nul ne peut arrêter un mouvement commencé. Vous les avez vues, les victimes du rêve : dans la littérature, elles font de la décadence, du symbolisme, de l'instrumentisme ; dans la philosophie, de la magie, de l'hermétisme, de l'ésotérisme, du satanisme ; ces deux groupes se mêlent, et rêvent ensemble l'impossible moral et l'impossible physique. Leur sexe leur monte au cerveau, et, dévirilisés, ils tendent, dans un art bâtard, de déféminiser la femme; logiques comme des rêveurs, ils en sont à projeter, par quels moyens ? un répugnant retour à l'hermaphrodisme des espèces inférieures. Vous avez fui ces escargots antipathiques, et vous avez bien fait. Mieux vaut être tout bêtement un imbécile imbécillisant avec des imbéciles que rêver formes grêles dans la contemplation des primitifs, que polluer son pantalon devant les Vierges des quattrocentistes, que sataniser pieusement et tomber de mysticisme en pédérastie.

Votre ami.

FERRALS.

III

CAMILLE A FERRALS

VOUS M'AVEZ DIT QUELLE VOIE JE DOIS ÉVITER, ET NON QUELLE SUIVRE

Cannes, 21 novembre.

Tout d'abord, cher monsieur Ferrals, que je vous procure une satisfaction : vous avez deviné juste quant à mes origines. Pour la santé, il y a moins de mérite : on ne va pas s'enterrer à Cannes dès novembre quand on est bien portant. Vous avez donc bien établi mon diagnostic physiologique, mais je crains que vous n'ayez pas autant réussi le psychologique. C'est cependant l'important, l'essentiel, car je ne pense pas que vous prétendiez opérer ma cure intellectuelle par le bromure ou l'électricité.

Avez-vous jamais réfléchi sur la profonde stupidité de certains adages ? Pour moi, je trouve stupide entre tous le prétentieux *mens sana in corpore sano*. Si vous n'êtes pas de mon avis (et combien je le crains !), expliquez-moi les débiles et souffreteux Spinosa, Pascal, Rousseau, Byron, Swinburne, Guyau ? Dites-moi, dans votre prochaine lettre, ce que vous pensez là-dessus, et fixez-moi bien exactement. Si mon pressentiment se réalisait, je n'hésiterais pas à me reprendre, laissant la bête aux mains du médecin et l'esprit s'en aller à la dérive, définitivement.

Est-ce pour gagner ma confiance, est-ce pour bercer mon mal que vous avez approuvé mon inquiétude ? Je ne puis admettre que vous ayez eu recours à une pieuse fraude de médecin bienveillant ; vous affirmez trop hautement la nécessité de ne point laisser l'idéal s'envoler de l'âme humaine. Cependant, un point me tourmente : Avez-vous une formule, ou tout au moins une conception par à peu près de l'idéalisme de demain ? Voici pourquoi j'ose en douter : Vous ne m'avez pas encore imposé de postulat. Cela me rassurerait si, dans cette première lettre, j'avais pu lire toute votre pensée ; mais j'ai l'inquiétude que vous ne me l'imposiez imperceptiblement, à doses ménagées, en raffinant la méthode socratique. Aussi vais-je avoir la préoccupation d'étudier vos lettres dans ce qu'elles omettront plutôt que dans ce qu'elles diront.

En somme, vous m'avez dit quelle voie je dois éviter, et non quelle suivre. Mais quand vous plantiez vos écriteaux prohibitifs au carrefour, j'étais déjà revenu sur mes pas, et vos imprécations m'ont paru un tant soit peu hors de saison. Dois-je ajouter : hors de raison ? Oui, car vous avez été injuste et cruel inutilement. Les gens sur qui vous avez fulminé ne sont pas sans valeur ni sans vertus. Il y a notamment en eux un si profond amour pour tout ce qui vit, c'est-à-dire une si dolente pitié pour tout ce qui souffre, que vous n'en trouverez pas l'équivalent chez vos savants d'âme desséchée par l'analyse au point de ne voir dans la douleur qu'un avertissement au cerveau, par les ganglions nerveux, de la destruction de quelques cellules. Nierez-vous que cette insensibilité soit identique à l'inconsciente cruauté des enfants et des primitifs ? Je dis : insensibilité organique, et non impassibilité volontaire, entendez-vous, monsieur. Ils rétrogradent donc visiblement, ces « hommes de progrès » endoloris seulement de leurs propres douleurs et par cela même isolés du monde qu'ils prétendent connaître.

Peut-être allez-vous mettre cette opinion au compte de mes nerfs, hyperesthésiés par la souffrance. Je serais heureux de ne pas vous laisser cette ressource. Pensez-en d'ailleurs ce que vous voudrez, il me faut bien vous dire que jamais je n'ai pu voir ou sentir souffrir sans souffrir moi-même. Tout enfant encore, à l'époque où la cruauté est faite autant de curiosité que d'inconscience, surtout au village, je m'enfuyais dès que je voyais une servante saisir une volaille pour lui tordre le col, et on ne m'eût pas fait passer ni pour or ni pour argent devant la grange du boucher le vendredi, car c'était le jour qu'il assommait ses bœufs et égorgeait ses moutons. A présent encore, je voyage avec répugnance dans les pays méridionaux, parce qu'on y brutalise les animaux. Dans les rues en pente du Paris laborieux, je souffle et ahane à voir s'exténuer des chevaux trop chargés ; un s'abat-il, je m'enfuis avec de la tristesse pour une heure. Parfois je suis intervenu pour arracher le fouet de torture des mains du charretier, ou pour donner mon coup de collier. Mais je suis faible : J'y gagnais un coup de poing, ou des palpitations à me laisser sans souffle sur le pavé. Quand je suis seul et que je me remémore les souffrances vues, je sens monter en moi la clameur de détresse et d'inutile appel de tout l'être souffrant ; je me sens la souris que le chat martyrise en jouant, et je saigne ; je suis le cerf que le chasseur force, et je pleure... Aussi n'est-ce point par mollesse de corps que je hais la chasse, cet atavisme de nos nécessaires férocités des âges lointains, mais parce que je la trouve inutile, grotesque et lâche.

Oui, je vous entends : « Les nerfs ! » Voici ma réponse : J'ai ramassé des écrasés, aidé à les porter chez le pharmacien, assisté jusqu'au bout au pansement, sans broncher. Et ne me dites pas que ma sensibilité s'arrête à l'homme, ne me croyez pas un de ces détraqués dont la caractéristique est une idiote zoophilie : La semaine dernière, j'ai bouché de mon mouchoir en tampon, de mon poing, l'horrible blessure qu'une barre de fer dépassant d'un camion avait faite à un cheval. Je ne me permets jamais de m'évanouir que ma tâche faite. Ainsi, vous voyez...

J'ai tenu à vous montrer toute ma *sensiblerie*, pour la bien mettre en opposition avec la cruauté de l'âme matérialiste. Je vais, d'ailleurs, vous montrer celle-ci dans toute sa triste nudité. Il y a quelques mois, passant sur la place Saint-Michel, j'aperçus, rôdant sur l'impériale d'un grand omnibus en partance, un gros chien en quête de son maître sans doute parti par une autre voiture. Comme moi, le conducteur avait vu l'animal. Il grimpa furieux et d'une poussée de genoux précipita dans le vide le pauvre mâtin, qui s'abattit avec un hurlement sur le pavé, et demeura inerte, la gueule ensanglantée. La brute, redescendue sur la plate-forme, sonnait ses voyageurs en ricanant. Méprisant pour un instant le misérable, je courus au blessé, étalé dans le ruisseau, et m'appliquai à le faire revenir à lui en inondant d'eau fraîche sa face inerte aux yeux sans regard. Un attroupement s'étant formé, un sergent de ville survint au pas réglementaire : « Vous allez verbaliser contre ce gredin ! — Pour quoi faire ? » me dit l'agent, placide. « Voyez dans quel état il a mis cette pauvre bête. — Bah !

et puis, après ?... En voilà une affaire pour un chien ! » riposta le campagnard en uniforme. « Il y a une loi ; je vous somme de la faire respecter ! » Un peu intimidé par les murmures de la foule, le rustre fit alors mine de prendre le numéro de l'omnibus, mon nom et celui d'un témoin qui s'offrit après hésitation. Je n'ai d'ailleurs jamais entendu parler de l'affaire. Tant d'histoires pour un chien assassiné. On attendra, pour bouger, que son bourreau ait récidivé sur un homme...

Mais revenons à mon chien. La fraîcheur de l'eau l'avait ranimé. Il fit un effort pour se mettre debout, et retomba. J'appelai un cocher, qui rit du singulier client que je lui faisais charger. « Qui veut m'aider à le transporter jusqu'à la voiture ? » Un jeune homme de bonne apparence s'offre. Tout en portant l'animal, nous causons. « Vous allez chez un vétérinaire ? — Oui. En connaissez-vous un ? — Non. » Nous installons le chien. Le jeune homme regarde son poil bourru et sale, son collier de gros cuir clouté, essaye en vain de lire sur la plaque le nom de son maître. « Ce chien n'est pas à vous. — Non. Voulez-vous me le laisser ? Je suis étudiant en médecine. — Soit. — Cocher, 15, rue Cujas ! » Nous n'étions pas à mi-chemin que déjà la bête se redressait, posait sa grosse bonne tête sur mon genou, puis s'étirait avec effort, essayant le jeu de ses muscles remis de leur froissement. A l'arrivée, il descendit de la voiture sans aide, et monta l'escalier de l'hôtel, sur trois pattes, à la suite de son nouveau maître, non sans m'avoir longuement regardé et comme attristé de me voir partir.

Le lendemain, passant par là, je ne pus me tenir d'aller rue Cujas. Je me disais : « Ce jeune homme n'a pas ri de ma pitié, il l'a partagée, il doit être bon à connaître. » Sur les indications qu'on me donna au bureau de l'hôtel, je montai l'escalier. Arrivé devant le numéro indiqué, j'entendis à travers la porte entre-bâillée une voix de femme qui disait : « Pauvre bête ! » Une voix niaise d'homme répondit sur un ton de rigolade : « Sûr que si le carabin ne lui avait pas coupé la parloire, y gueulerait ferme ! »

J'entrai et je vis mon ami de la veille à demi écorché, les côtes à nu et le ventre ouvert, haletant, les yeux fous ; de sa langue desséchée par la fièvre, il léchait l'énorme plaie. Je criai de douleur. Il m'aperçut alors. Ah ! ce regard subitement humanisé, empli de tristesse et de doux reproche, comme il me dit : « Pourquoi m'as-tu amené ici ? » Et cet effort désespéré pour se tendre tout entier vers moi, comme il me cria : « Emmène-moi ! Sauve-moi !... » Écrasé de regret, anéanti de honte pour l'humanité, je tombai à genoux devant le mutilé, je le pris par le cou et je baisai son museau brûlant ; je rafraîchis son martyre de mes larmes, et, prenant mon revolver, je le débarrassai de la vie.

A ce moment, l'étudiant entra. Je levai l'arme sur lui, d'un mouvement d'instinctive justice, mais j'abaissai le bras aussitôt. Me croyant calmé, il voulut s'expliquer ; d'un regard, je lui dis tout mon mépris, toute ma tristesse, et je m'en allai.

Dites ce que vous voudrez des mystiques modernes, voire des pires et des plus aberrants, vous ne trouverez rien de semblable à leur reprocher. Car tous, vous entendez : tous, ils ont un sentiment de la solidarité universelle qui manque à vos biologistes. Comme vous, je constate en eux mainte déviation mentale et passionnelle, mais c'est le bonheur universel qui est leur but, et cela même ennoblit leurs ridicules et leurs bassesses. Presque tous ils sont socialistes de sentiment, et le triomphe insolent de l'argent les révolte autant que la vogue des talents médiocres. Ils ont la haine — ou plutôt le mépris — de l'action, parce qu'ils la savent douloureuse. L'action, en effet, c'est la lutte, c'est la souffrance évitée à soi-même au prix de celle qu'on inflige à autrui. L'action, c'est l'animal dévorant la plante, l'homme dévorant l'animal, l'homme dévorant l'homme. Ils se soumettent en gémissant à cette nécessité organique, mais il leur est doux d'espérer, même contre tout espoir, un monde où la vie ne sera pas faite de la mort et où la souffrance sera inconnue. Les ordures de la chair les répugnent en leur aspiration d'immatérialité, et ils rêvent l'humain se complétant dans les deux sexes confondus ; — ce rêve est fou, antiphysique, soit ; il ramène à la brute les plus faibles de ceux qui veulent s'éloigner de la bête, mais n'est point en soi l'ignominie que vous avez qualifiée si crûment.

Certes, quand on se contente des sporadiques parcelles de vérité que révèle la loupe patiente d'un chercheur idiotisé dans la contemplation de l'infiniment petit, on peut rire de ces hautes aspirations à l'idéal. Et, encore, peut-on sourire ? Pour peu qu'on pense, cela est impossible, et l'on est tenté plutôt de lâcher la triste proie morte pour la vivante et magnifique ombre lumineuse qu'il y a gloire à poursuivre sans cesse, fût-on certain de ne jamais l'atteindre. Rien, d'ailleurs, n'a si bien servi la science que la recherche éperdue de la vérité en dehors de tous moyens scientifiques. Sans vous rappeler que l'alchimie, en ses folles tentatives, a frayé les voies à la chimie organique, qui est le grand œuvre du siècle, il m'est bien permis de vous montrer nos savants actuels occupés à classer les phénomènes suscités par les thaumaturges, les voyants, les guérisseurs du passé et du présent, et à susciter à leur tour des phénomènes identiques dans leur clinique de la Salpêtrière et dans leur école de Nancy. Mais les savants ne se résignent que lorsque l'évidence leur crève les yeux, et contraints par la clameur publique. Au lieu de dire : « Voilà ce que nous savons, et voilà ce que nous ignorons, » ils disent avec arrogance : « Tout ce qui dépasse notre connaissance n'existe pas. » Et à chaque instant des surgissements de phénomènes font voler en éclats le cadre scientifique.

Car, enfin, qu'est-ce qu'ils savent ? Jadis,

un savant faisait tenir dans son cerveau toute la connaissance acquise jusqu'à lui. Essayez donc, aujourd'hui, de parler d'économie politique à un chimiste ou de biologie à un astronome. Comment voulez-vous, dans ces conditions, qu'un de ces prétendus savants se rende compte de l'utilité générale de sa partie de science ! Les positivistes affirment posséder cette synthèse des sciences, mais ils ont si soigneusement banni de leur philosophie toute possibilité d'échappée vers l'idéal, qu'en dépit de leur théorique amour de l'humanité, les services rendus par eux sont minces, pour ne pas dire nuls.

En somme, la science a des lois, mais l'humanité n'a plus de principes La religion se meurt de sa belle mort ; la philosophie, lasse de reproduire inutilement sous vingt formes diverses les affirmations d'il y a trois mille ans, n'est plus qu'un exercice de logologie à l'usage des professeurs de province et de deux douzaines d'académiciens moisis. Que faire ? Je vous en supplie, mon ami, dites-le-moi.

CAMILLE.

IV

FERRALS A CAMILLE

C'EST SUR LA CONNAISSANCE DU RÉEL QUE PORTE NOTRE DÉBAT

Paris, 29 novembre.

Votre lettre m'a définitivement démontré l'efficacité de cette correspondance, et ce m'est une très grande joie en même temps qu'un très réel profit. Je vous en prie, mon cher ami, croyez ce que je vais vous dire: Je vous ai entrepris avec l'espoir de vous modifier, et je prévois l'influence que prendra votre pensée sur la mienne. Ayez donc confiance. Continuez de diriger notre discussion à votre volonté, à votre caprice. Acceptèz-moi sans arrière-pensée, comme je vous accepte moi-même. Mettons notre sincérité commune au service de nos connaissances et de nos rêves; consentez à étayer vos idéalités des réalités que je vous présente, de mon côté j'illuminerai les réalités des idéalités que vous m'offrez. Puisque, pour vous, tout est, même et surtout le rêve, tenez compte du réel, qui le produit. Chaque forme, chaque geste, chaque transformation du réel, mieux connus, magnifieront d'autant votre rêve.

C'est donc sur la science, sur la connaissance du réel, que porte notre débat. Vous l'avez bien senti, et c'est à elle que vous avez porté les premiers coups, ou plutôt à ses servants. Cela vous a donné beau jeu : les malheureux prêtent si bien le flanc. Mais comme ce combat est sans gloire! Voulez-vous que je renchérisse sur vous? Je n'aurai qu'à prendre tel savant illustre et le montrer en flagrant délit d'ignorance de sa propre science, faute d'avoir étendu son étude aux sciences contingentes et affluentes de la sienne, faute, en un mot, d'un peu de philosophie.

Mais que nous fait ce travail de taupes! Le sol en est-il moins creusé parce que la taupe ne sait pourquoi elle fouit! Ou, si, flattant votre animosité contre les savants, j'emploie une comparaison plus humiliante pour eux — et pour nous, — ne nous déterrent-ils pas des truffes savoureuses! Et, moins équitables que le paysan périgourdin, nous ne leur donnons pas même des pommes de terre en échange. Chevreul, mort quasi pauvre, n'a-t-il pas enrichi nos teinturiers ! Et combien d'autres, ainsi !... On peut dire : tous.

D'ailleurs, et pour revenir à cette ignorance des savants, n'est-elle pas inévitable, nécessaire même ! Ces tâtonnements d'aveugle, qui vous font pitié, jugez-les mieux. Il faut que le savant ne cesse jamais de tâter les faits. Dès qu'il sent une solution de continuité, s'il est honnête, il doit s'arrêter, revenir en arrière sans quitter des mains et de la loupe son objet, le retravailler et ne le lâcher que finalement acquis et rattaché aux faits voisins, à la chaîne sans fin du connu.

Ils cherchent et ne savent quoi, dit-on en manière de moquerie. J'ajoute, et sans railler : Ils ne savent pas ce qu'ils trouveront. Est-ce que ça les empêche de trouver quelque chose ? Et vous, d'en faire votre profit ? Si vous pouvez rêver — et les moquer, — n'est-ce pas leur labeur qui vous en a donné les moyens et le loisir ?

Vous vous êtes rebuté des travaux de laboratoire. Je me l'explique fort bien. Couper un fragment de muscle en tranches d'un vingtième de millimètre, explorer ces tranches au microscope, à quoi bon, selon vous ! Deviez-vous assez vous impatienter de cette besogne, qui ne procède pas des causalités et n'aboutit pas aux finalités, du moins directement ! Et vos compagnons d'étude, devaient-ils vous inspirer assez de mépris, avec leur recherche mesquine dans l'infiniment petit !... Mais combien plus vous deviez les stupéfier, ces laborieux et ces patients en qui l'action a tué le rêve et pour qui tout tient en ceci : constater les formes de la matière organisée et noter leurs différences. — Je cherche l'âme, disiez-vous en tournant distraitement la loupe entre vos doigts et l'œil perdu dans le vague d'une intérieure contemplation. — Nous ne connaissons pas encore le corps, répondaient-ils sans lever le nez de dessus la pièce anatomique. Pas moyen de s'entendre, ainsi.

Oui, certes, cette recherche du fait matériel par une nécessaire division à l'infini du travail scientifique, cette analyse exclusive où s'abolit tout espoir de systématisation générale, tout souci de synthèse complexe, cela vous racornit le savant et vous fait placer cet observateur de l'infiniment petit parmi les infiniment petits de la pensée. Involontairement, vous le comparez aux savants universels des temps passés. Je vous serai obligé cependant, de tenir compte qu'il n'y a aucune comparaison à établir entre le savant de jadis et celui d'aujourd'hui. Savoir des mots était toute la science de jadis ; connaître des faits est toute la science d'aujourd'hui. — Pas de faits sans mots, pas de mots sans faits, direz-vous avec nos linguistes de l'école anthropologiste. D'accord. Mais les mots de jadis, convenez-en, exprimaient des faits connus de dixième bouche et déformés d'autant. Songez quelles énormités scientifiques formulèrent Hérodote, Pline et même le positif Aristote. Savoir des quantités de mots constitue encore toute la science du Chinois. Connaître peu de faits, mais les connaître d'expérience, c'est là toute la pauvre science moderne. Avez-vous remarqué que les primitifs, les femmes, les enfants apprennent plus rapidement les langues que les hommes cultivés ? Cela tient peut-être à ce que ceux-ci pensent plus qu'ils ne parlent et que ceux-là, pis que Numa Roumestan ! ne pensent même pas en parlant. Aussi, sans doute, à ce que parmi ceux-ci la mémoire des idées, des combinaisons de faits qu'elles représentent, est trop active pour en permettre l'expression simultanée par plusieurs mots empruntés à plusieurs langues. Cette mémoire des mots est cultivée à l'excès dans les milieux inférieurs. Les enfants de chœur et les sacristains illettrés récitent sans fourcher les répons et les psaumes en une langue dont ils ignorent le moindre mot. J'ai connu au régiment un soldat merveilleux : il savait si bien le mot à mot de sa théorie, qu'il la récitait à l'envers, sans omettre une syllabe. Les vieux sous-officiers admiraient. Un adjudant imagina de dresser tous les élèves caporaux à cet exercice. Ah ! le joli lot de crétins que cela fit.

A présent, je conviendrai sans difficulté qu'il ne nuirait point aux savants d'avoir dans la tête quelques idées générales. C'est surtout dans les sciences supérieures que ce vide est désolant. Ainsi, les économistes, qui disent leur science « politique », font littéralement pitié : Ils ont du mouvement industriel une conception purement mécanique, nullement humaine, nullement sociale. Ils voient ou croient voir le capital et le travail, alors qu'ils ignorent le capitaliste et le travailleur en tant qu'individus privés et sociaux ; aussi les faits de guerre sociale qui jaillissent du conflit économique les étonnent-ils et les indignent comme des infractions à l'ordre naturel et des outrages à l'arithmétique. Et ainsi pour bien d'autres, au grand scandale de qui sait coudre deux idées simples, voit Darwin se rendre à l'office divin sa Bible sous le bras et entend certains anthropologistes se proclamer à la fois pour l'irresponsabilité du criminel et pour la peine de mort.

Je vous accorde encore que le « scientifique » — je ne dis pas le : « savant » — est en général un peu intéressant individu. Il semble n'accepter de la science que les justifications de son égoïsme et de ses appétits débridés. Il lutte pour la vie (il appelle lutte l'écrasement d'êtres sans défense, par bonté, confiance ou faiblesse), et traite de vaine métaphysique les sentiments les plus élémentaires, communs aux primitifs les plus frustes. Honnête avec le Code, il accepte judaïquement la loi écrite et jésuitiquement la loi morale. Quand, étant pourvu, il est assez désintéressé pour être cynique, il est moins dangereux à l'individu, davantage au corps social. Il travaille à la destruction de ces ressorts : le sentiment et l'enthousiasme, mais ne les peut briser; et le sentimental et l'enthousiaste s'en vont droit aux ennemis de la science. Et l'on assiste, par le fait de ce misérable maladroit, au divorce du cœur et du cerveau.

Dans leur fausse sincérité, les « scientifiques » suppriment les utiles acquisitions morales qui ennoblissent la vie en nous portant à la vivre noblement : l'amour n'est plus que le besoin de s'accoupler et la femme qu'un vase naturel. Ayant cru tout analyser et ainsi découvert réellement que devant la nature tout est indifférent, ils ont méconnu ou plutôt ignoré la loi d'évolution des êtres vers le mieux absolu, et méprisé, par suite, les nécessaires conventions qui portent au mieux relatif notre chancelante et tâtonnante humanité. Leur peur de l'hypothèse, leur haine de l'idéal n'est pas prudence légitime de savants, mais basse satisfaction de brutes, heureuses d'affirmer de haut que tout est brutalité, n'est que brutalité, rien que brutalité.

En accuserez-vous la science et les savants? Toujours de tels êtres ont existé. Ces oisons aux ailes récemment coupées n'ont jamais été des oiseaux. C'est eux qui, jadis, opposaient aux œuvres la foi, et faisaient sombrer le christianisme dans l'abîme désespérant de la grâce. Ils professent aujourd'hui le même fatalisme simpliste ; ils l'ont seulement plâtré de formules scientifiques. — Les forts mangent les faibles, disent-ils. Nous sommes les forts, mangeons. — Ah! les pauvres sots! Si par impossible lois et conventions disparaissaient, on verrait à nu leur faiblesse.

Non, la science ni les savants ne sont responsables de cela, et, quels que soient leurs défauts, on peut sans crainte opposer les vérités partielles d'aujourd'hui aux tentatives de rajeunissement des rêveries de jadis dont vous avez si chaudement pris la défense. Les savants n'aboient pas à l'idéal comme chiens à la lune, mais le réalisent par leur labeur continu. Ils font de l'idéalisme sans le savoir. Qui sait, après tout, si ce n'est pas la meilleure manière ?

Pour ce qui est de leur sensibilité, votre histoire de carabin ne prouve rien, sinon que tous les sentiments humains peuvent être étouffés par une grande passion. L'ivrogne boit le salaire de sa femme, Palissy jette au feu ses meubles, Empédocle s'y jette lui-même. Votre découpeur de chiens est fort capable de se dévouer dans une épidémie et de s'étonner qu'on lui en montre de la reconnaissance, tout comme il s'est étonné de votre juste indignation.

Qu'en conclure ? Qu'il ne faut pas mêler les genres. Un chirurgien qui pleurerait en coupant des bras et des jambes, verrait trouble et matyriserait inutilement ses patients. Un prêtre sans charité est un monstre, de même un juge sans équité. Avant tout, n'exigez des gens que les vertus de leur état; s'ils y en ajoutent d'autres, louez-les : si ces autres leur manquent, ne les tenez pas pour des scélérats, mais plutôt travaillez à les leur faire acquérir.

Vous m'avez conté une histoire de savant, je veux vous en conter une aussi.

Dans une petite ville grise, austère et morne, une de ces villes de robe où l'herbe verdoie en moisissure entre des pavés que les rayons du soleil ne font jamais vibrer, vivait un médecin mal vu de l'évêché et jamais appelé par la cour, car monseigneur le tenait pour un athée et monsieur le président pour un ennemi de l'ordre. Non qu'il fît ostensiblement gras le vendredi saint ou aspirât à représenter les ouvriers de la ville basse au conseil municipal, mais on lui savait « des idées » et l'on craignait la contagion. Sa clientèle était mince, suffisante cependant, mais ne semblait point devoir grossir, au contraire.

Un jour, on le vit se présenter aux assises,

en qualité de témoin dans une grosse affaire criminelle. L'accusé était peu intéressant : une brute qui avait étranglé une vieille femme pour la voler, puis l'avait violée. Une vraie brute, vous dis-je. Pourtant, le médecin avait tenu à ce que la défense le fît citer parmi les témoins à décharge.

Il dépose devant le jury que la mère et l'aïeule de l'accusé avaient dû être internées dans un hospice de fous, que sa responsabilité était abolie par son hérédité et par l'éducation absurde que les siens lui avaient donnée ; il cita des faits d'insanité dont il avait été témoin, ayant eu pour femme de ménage la mère de l'accusé. Il voulut, pour préciser, donner des détails. On lui coupa la parole.

— Nous ne sommes pas ici pour écouter des histoires, lui dit rudement le président. A un autre témoin.

Vous entendez d'ici le réquisitoire : Ce fut presque exclusivement contre l'audacieux médecin que l'avocat général le dirigea, et, à la fin de l'audience, on fut surpris dans la foule que des deux accusés, deux complices, le moins coupable fût seul atteint par la « vindicte ». Durement atteint, du reste ; il payait pour deux, de sa tête. Du coup le docteur perdit la moitié de sa clientèle.

Le condamné à mort tomba gravement malade et le médecin de la prison pensa qu'il était humain de laisser la nature suivre son cours et se substituer à la guillotine. D'ailleurs, l'opération à faire pour sauver le patient était pleine de périls pour l'opérateur, et l'on n'est pas tenu d'être héroïque pour douze cents francs par an, quand on a femme et enfants.

L'autre médecin apprit la chose, s'offrit à faire l'opération, joua sa vie, ne perdit que sa santé, et pour le condamné la nature fut plus clémente que la société. Sitôt guéri, sitôt exécuté. Son « sauveur » obtint à grand'peine que ses restes lui fussent confiés, chauds encore de vie finissante, et l'autopsie prouva aux plus ignares qu'on avait guillotiné un fou.

Dès lors, plus un client. Les parents d'une fiancée qu'il adorait lui fermèrent leur porte, et il soigne aujourd'hui de plus pauvres que lui dans la banlieue de Paris.

FERRALS.

V

CAMILLE A FERRALS

JE SENS MOURIR AUTOUR DE MOI ET EN MOI TOUT UN MONDE

Cannes, 3 décembre.

J'ai bien peur que nous ne nous soyons rien prouvé du tout, avec nos histoires d'amphithéâtre. C'est que, vraiment, moi qui me crois suffisamment complexe (pour mon tourment !) je ne suis qu'un simpliste, à côté de vous. Ma tendance à généraliser serait donc, si j'ai compris votre lettre, une marque d'infériorité intellectuelle. Je vous dis : — L'âme matérialiste est cruelle. Vous me répondez : — Il n'y a pas d'âme matérialiste, mais des analystes sans idées générales, donc impuissants au mal comme au bien ; mais des brutes qui accrochent leur excuse à l'arbre d'hérédité darwinienne après l'avoir accrochée des siècles au gibet du Golgotha d'où l'arbitraire grâce découla; mais des maniaques sublimes prêts à tous les martyres pour des vérités à naître et dont ils ignorent et la place dans l'ensemble des vérités acquises et l'utilité dans le mouvement des idées et des choses.

Vous ne me dites pas qu'il est bon que les choses soient ainsi, mais vous semblez en accepter la fatalité avec une allègre résignation. Votre médecin (je ne sais pas si vous l'admirez), il me fait peur. Si j'avais un être aimé en péril de mort, je n'oserais appeler à son chevet un tel fanatique de la science, qui, dans le malade, ne voit que le cas médical à élucider et non l'être souffrant à soulager. Le jour où les gens du peuple sauront que le médecin moderne est ainsi, ils mourront sur leur grabat plutôt que de prêter leur corps aux expériences d'hôpital. Déjà l'on dit, dans les faubourgs socialistes, où l'on ne croit plus à la charité bourgeoise, que, dans les cliniques, on tue les pauvres pour apprendre à guérir les riches. Je crois ce dire injuste, et si je n'étais malade, si mon lâche organisme ne se cramponnait à l'espoir de guérison, j'oserais prétendre que les savants traitent les riches et les pauvres avec la même indifférence ; — mais j'ai tant besoin que mon médecin me donne de la santé pour mon argent...

Je vous concède qu'il faut accepter les choses comme elles sont, quitte à se forger en dehors d'elles l'idéal sans lequel il n'est pas de véritable et complète humanité, au sens élevé du mot. Mais, alors, ne prétendez point baser les concepts supérieurs sur la science. Si le bagage des pensées et des connaissances humaines est tel, qu'une division des matières s'impose, proclamez avec moi la séparation de la science et de la philosophie.

Direz-vous que la philosophie doit être scientifique, et, partant, élaborer ses synthèses en suite des analyses de la science ? Je vous demanderai alors pourquoi vous avez détruit la métaphysique, puisque vous n'étiez pas encore prêt à la remplacer. Sur elle reposaient les nécessaires croyances des foules, à qui ses fictions tenaient lieu de vérités démontrées. Erreurs, illusions, mensonges, soit, mais qui servaient au bien moral et social. Je sais bien que Croquemitaine n'existe pas, mais que n'importe sa réalité, si, par son évocation, je discipline mon enfant.

Si vous parvenez à reconstruire ce que vous avez démoli — et quel ciment amalgamera votre poussière scientifique ? — ferez-vous refleurir cette fleur du progrès humain, que vous avez desséchée : l'idéal, par quoi nous entrons dans la confidence du devenir universel ! N'est-ce point par une opération de l'esprit sur lui-même que se conçoit l'idéal, et oserez-vous prétendre, en ce temps où tout s'abolit et où rien ne se remplace, qu'il est plus nécessaire d'être que de devenir ! Songez, je vous prie, que l'individu ne se croit plus rien de commun avec l'espèce et qu'il perd à mesure le sens des solidarités essentielles. Bientôt l'espèce paîtra le globe, indifférente aux destinées de l'univers, et conséquemment, aux siennes propres.

A présent, il me faut bien avouer que si vous jugez de la philosophie par ses prétendus serviteurs, vous ne pouvez avoir pour elle qu'éloignement et que mépris. J'ose la dire plus mal servie que la science, et aimée d'un amour moins désintéressé. Nous avons, pour la représenter en France, deux vieux messieurs très gais, gais jusqu'au comique, gais jusqu'au grotesque, gais jusqu'au lugubre, qui ne parlent aux foules que la tête couronnée de roses. Ils sont hideux ainsi, ces vieillards qui hoquettent leur pensée, excrément de la pensée de Platon, de Spinosa, de Kant et de Hégel, en des toasts où la splendeur du style fait honte à l'indigence de la pensée. Que dire, il est vrai, au dessert, sinon des choses peu fatigantes pour la digestion des auditeurs! Hélas! même sous leur lampe de travail, ils écrivent pour des gens à table.

D'ailleurs, les pays voisins ne sont pas mieux partagés et, depuis le suprême effort de Schopenhauer, la haute pensée agonise, et les seuls disciples du philosophe de Francfort sont des littérateurs de salon, dont la clientèle goûte mieux la vie quand on lui a démontré théoriquement qu'elle est mauvaise. Je vous le dis, la philosophie est devenue un tiède et écœurant rince-bouche dont les oisifs usent par convenance et que les imbéciles avalent.

Pour revenir à nos philosophes nationaux, dont l'optimisme est fait d'une énervante jovialité organique, je les tiens tous deux pour des littérateurs, purement et simplement. Aussi pratiques l'un que l'autre, du reste, ils n'ont pas créé l'âme moderne, et ils se contentent de refléter la basse bourgeoisie intellectuelle, car on ne règne sur elle qu'à cette condition. L'un est l'empereur, l'autre le pape, également constitutionnels, de la médiocrité pensante. Les politesses qu'ils se font à l'Académie doivent mettre en joie les vaudevillistes qui y pullulent, et nous verrions cette farce sur un théâtre si jamais la vérité osait s'y aventurer.

Il faut bien que je vous parle de ces gens, puisqu'ils sont l'unique, et caricaturale, incarnation de la métaphysique en notre pays ; je voudrais les haïr pour le mal qu'ils ont fait à la pensée contemporaine, et je ne me sens pour eux, pour leur impuissance, qu'un mépris apitoyé.

Quelle estime voulez-vous qu'on ait pour le politicien déçu, mais non désabusé, qui traite les postulats comme des électeurs, marie les contraires, paye de phrases, minaude, sourit, pleurniche, dit à l'Université : « Voyez mes paroles ! » et à l'Église : « Voyez mes actes ! » les sert toutes deux contre la pensée libre, dénigre son maître (un effronté pillard d'idées) dont il a pris la suite des affaires. Demanderez-vous grâce pour sa philanthropie verbale, au nom des quelques enfants abandonnés qu'il a aidé à recueillir ?

Je vous demanderai justice pour les âmes engluées par le pinceau enduit de miel de ce mandarin de la pensée. Pour vingt pucelles sauvées, que de vertus stérilisées, que d'intelligences en perdition sur l'océan métaphysique où les paroles gelées des philosophies caduques font bourdonner en vain bruit musical les cordages de la nef désemparée ! On l'a proposé pour le chapeau : digne récompense ; il est bien vraiment le cardinal laïque de la philosophie universitaire, dernier contrefort de la théologie. Ce vieillard me dégoûte.

J'ai failli admirer son compère, et je m'en veux. Sa complexité m'avait séduit. Son imperturbable optimisme m'avait fait croire qu'il possédait le mot des grands mystères, et j'attendais de lui les ultimes révélations. Montrer que le vrai est multifrons, me disais-je, c'est le connaître. Et j'espérais, abusé par la sereine allégresse du vieux drôle. Mais je compris vite qu'elle n'exprimait que la joie perverse d'un jongleur de la pensée, habile à tirer de chaque mystère une mystification. Ce Gaudissart de la philosophie promène son bagout dans toutes les tables d'hôtes, loue en bafouant, bafoue en louant, trempe son doigt dans la sauce hégélienne et en barbouille le nez d'Epicure, se signe de la main gauche et de la droite trace l'équerre maçonnique, prétend avoir fait des chrétiens et des athées avec son *Histoire du Christ* et s'applaudit d'avoir ébranlé autant de vertus rigides qu'il a fixé de vertus branlantes avec sa *Chanoinesse de Vaugirard*. Cet abbé de Thélème me fait peur.

Et peu à peu le vide se fait. Et à mesure que l'air se refuse à nos poitrines, une angoisse plus grande nous étreint. Oh ! ce monde irrespirable, pouvoir en sortir !... Mais où aller, à présent que leur philosophie pneumatique a stérilisé le rêve ! On n'a même pas le néant pour refuge : on tremble de trouver les régions inconnues peuplées des fantômes infâmes qu'engendra le verbe prostitué de nos métaphysiciens.

On s'étonne que les âmes fatiguées replient leurs ailes et se réfugient peureusement dans les lézardes des cathédrales gothiques. J'estime que ce sont les sages, et je les envie. Les autres, coupant leurs ailes, rampent au-dessous, très au-dessous de la tempête. Celles-là, je les plains. Mais moi, qui ne puis me blottir ni ne veux ramper, dois-je donc ajouter au tourbillon le battement de mes ailes et mêler au bruit de l'ouragan mon cri de détresse !...

Pardonnez-moi, mon ami, pardonnez la monotonie de ma plainte : mais je sens mourir autour de moi et en moi tout un monde et ne vois aucun germe surgir de l'universelle décomposition. Je m'hallucine à répéter les formules, si semblables en leur vanité, des philosophies de tout temps ; tel un malade entretient sa fièvre par la contemplation des paysages niais que répète en diagonale interminable la tapisserie de sa chambre. Tout m'enchaîne et me fixe à mon tourment : vos lettres et leurs promesses, la solitude qui se fait plus grande autour de moi à mesure que je m'éloigne des pensers communs, mon état de santé qui limite à son minimum ma vie physiologique, tout enfin. Ce monde à l'atmosphère puante d'idées croupies me contraint à m'isoler au milieu de ce qu'il faut bien que j'appelle mes semblables, faute d'un autre mot.

Il y a quelques jours, j'ai tenté de dompter ma répugnance et, le mal me laissant un court répit, j'ai accepté la partie de souper avec trois jeunes gens venus ici faire leur cour à une parente riche, âgée et valétudinaire : Jacques Marécaux, un vigoureux garçon d'une trentaine d'années, Lucien Canteleux, un gros réjoui du même âge, et Raphaël de Saint-Avit, un blondin à tête d'ange de vitrail, plus jeune de dix ans que ses deux cousins. Je m'étais dit : Ces âmes neuves et peu élevées me reposeront ; on parlera de choses légères, on rira du beau rire de notre âge, et pour un soir j'aurai eu des semblables. — Mon obsession s'imposa-t-elle à eux, ou, la connaissant, voulurent-ils me faire la politesse de la caresser ? Je ne sais qui fut le premier coupable, mais dès qu'au dessert nous fûmes tous gris, les idées générales dansèrent dans nos cerveaux la sarabande dont vous trouverez un écho très affaibli dans les lignes ci-après.

Je commence mon récit au moment où les vins nous rendirent à notre spontanéité. Vous m'excuserez si, plus que mes compagnons, j'ai déraisonné ; par ma complexité inquiète, j'ajoutais forcément à ma propre déraison celle de chacun d'eux. J'en ai honte amère. Ne me grondez pas trop.

CAMILLE.

VI

INTERMÈDE

SI ON NE BLAGUE PAS LES VÉTUSTÉS,
QUOI QU'ON BLAGUERA ALORS ?

MOI.

Donc, cher Raphaël, d'hier à Cannes et amoureux déjà !

JACQUES.

Le mal idiot, que le mal d'amour ! Qu'il tienne de petites filles oisives dont le bavardage l'évoque à chaque instant entre l'éloge d'un ruban et la description d'une dentelle, soit. Qu'il serve, pour ces niaises rusées, de masque ou plutôt d'écran aux brutalités sexuelles, parfait. Mais qu'un homme assez riche pour choisir son plaisir et assez jeune pour le doubler en le faisant partager s'en vienne soupirer comme une nonne à confesse, voilà qui me passe.

LUCIEN.

Chacun prend son plaisir où il le trouve. Moi, je trouve toujours mon plaisir où je le prends.

RAPHAEL, *pleurnichant.*

Songe-t-elle seulement à moi.

JACQUES, *le singeant.*

Hi ! hi ! hi ! hou ! hou !... Te voilà dans un bel état, vraiment. Je parie que si tu te trouvais en ce moment nez à nez avec ton objet, tu ne serais pas fichu de lui baiser le bout des doigts.

RAPHAEL.

Certes. Je la respecte trop... Et puis, je suis gris... J'aurais honte qu'elle me vît en cet état.

LUCIEN.

Bêtot, les femmes nous préfèrent ainsi ; elles savent que nous osons alors davantage.

JACQUES.

Et puis, vois-tu, petit cousin, elles entendent être aimées à tour de bras, et non pas respectées de loin comme de pauvres pestiférées.

LUCIEN.

Les femmes sont des fleurs, ou des fagots d'épines. Elles sont pour nous ceci ou cela, selon notre imagination. Prends que celle que tu aimes est une fleur, elle en sera réellement une pour toi.

JACQUES.

Les fleurs, ça se coupe à poignée et ça se respire à plein nez. Puis ça se jette par la fenêtre.

RAPHAEL, *révolté.*

Goujat.

LUCIEN.

Bah! il se trouve toujours quelqu'un dans la rue pour les ramasser.

JACQUES.

Parbleu! D'ailleurs, est-on jamais le premier, le tout premier? Et, enfin, quelle manie d'idéaliser des animaux qui nous sont physiologiquement et moralement inférieurs; quelle sottise de les placer si haut au-dessus de nous, et de faire disparaître le désir de possession, de domination, sous les formes, devenues essentielles, de l'humble adoration et sollicitation! Toi-même, petit, sais-tu quel fumier projeta la sève vivifiante en la délicate fleur que tu n'oses cueillir? Je l'ai vue, ce matin, au marché, flairer avec délices un fromage puant, et, pour elle, son père fait pourrir un lièvre dans les latrines. Je parie que, comme tous ceux des filles de ce pays, ses baisers sentent l'ail. Voilà pour le physique. Quant au moral...

RAPHAEL.

Brute immonde, tais-toi!

JACQUES.

Dis donc, sois poli! Tu n'es pas encore assez saoul, ni moi non plus, pour avoir le droit de m'injurier... Et pourquoi te gendarmer? Je te montre les choses comme elles sont. Les sentiers de la forêt où tu trimballes tes rêveries ne sont-ils pas souillés d'immondices déposés là par de peu délicats paysans!... Ton valet de chambre en sait quelque chose, lui qui décrotte tes bottines le matin. Quand elles empestent, il grogne, je l'ai entendu : « Bon, monsieur a encore marché dans l'idéal, hier. »

LUCIEN.

L'idéal ! Oh ! l'idéal !... Moi, quand j'ai trop bu, j'essaie de compter les étoiles, en rentrant la nuit. Mais voilà ! les réverbères et les lanternes des voitures m'embrouillent. Et comme je ne peux pas arriver à compter, mon respect pour l'infini devient... infini. Alors, comme dit l'autre, je me fous à rêver.

MOI.

Et quand vous êtes à jeun ?

LUCIEN.

A jeun, je ne m'occupe pas de ces bêtises-là.

RAPHAEL.

Moi, l'amour me prouve l'infini dans le temps et dans l'espace. Par l'amour, Dieu prête un de ses attributs à l'homme. L'homme aime, et la bête s'accouple.

JACQUES.

As-tu fini, avec tes phrases de collège !

Quand l'homme aime, il s'accouple, comme la bête, entends-tu, ô immaculée conception !

RAPHAEL.

Ne blague pas les dogmes.

MOI.

Non, il ne faut pas blaguer les dogmes... pas plus que les vieilles armoires qui nous viennent des ancêtres.

JACQUES.

Si on ne blague pas les vétustés, quoi qu'on blaguera, alors ?

MOI.

Ne blaguez pas les vieilles armoires !...

LUCIEN.

... Normandes. Qu'est-ce que ça leur fait, aux armoires, qu'on les blague !... Jacques, verse-nous donc à boire.

RAPHAËL, *portant une coupe de champagne à ses lèvres.*

A la santé des vieilles armoires ! (*Minuit sonne, Raphaël repose vivement sa coupe pleine sur la table.*) Eh bien, j'allais faire du propre !

NOUS TOUS.

Qu'a-t-il donc ? Pourquoi n'a-t-il pas bu ?

RAPHAEL.

Blaguons les vieilles armoires, mais respectons-les.

LUCIEN.

Il est assommant, avec ses armoires. Pourquoi viens-tu de reposer ta coupe sans la vider ? Est-ce que boire t'ôterait la soif, par hasard ?

RAPHAEL.

Non, j'ai une soif de chien. Mais, passé minuit, ah ! non.

JACQUES.

Bébé demande son dodo.

RAPHAEL.

Pas du tout. Je reste, mais je ne bois plus.

LUCIEN.

Quelle plaisanterie !

RAPHAEL.

Ce n'est pas une plaisanterie. Je ne plaisante jamais avec cette... chose-là.

JACQUES.

Quelle chose ?

RAPHAEL.

Je communie demain matin.

JACQUES.

Bah ! toutes les fois que j'ai communié lesté d'une solide tablette de chocolat, je ne suis pas allé le dire à Rome. Au collège, nous faisions semblant d'avaler l'hostie, et nous la collions entre les feuillets de notre paroissien. On collectionnait ça comme les timbres-poste.

RAPHAEL.

Oh ! toi, tu n'as jamais eu la foi.

JACQUES.

Si, un peu. J'en prenais et j'en laissais.

RAPHAEL.

Je prends tout, moi.

MOI.

Tout ! C'est absurde.

RAPHAEL.

Oui, môssieu, c'est absurde, mais cela est

l'affaire des conciles et non la mienne. Où en serait l'armée si les soldats discutaient les ordres des capitaines !

MOI.

Il n'y aurait plus, alors, de soldats ni de capitaines. Le beau malheur !

RAPHAEL.

Dieu m'a touché de sa grâce ; je lui en suis trop reconnaissant, quand je compare ma foi à votre incrédulité, pour discuter les mystères qu'il impose à ma raison.

LUCIEN, *gouailleur*.

Et si Dieu t'avait refusé la grâce ?

RAPHAEL.

C'eût été pour moi un malheur dont mon aveuglement m'eût caché l'étendue. Dieu fait bien ce qu'il fait. Mais il m'a suffi de lui demander la grâce pour l'obtenir. Il n'avait d'ailleurs pas le droit de me la refuser, pas plus qu'à quiconque la demande.

LUCIEN.

Est-ce bien orthodoxe, ce que tu nous contes-là ?

JACQUES.

C'est contradictoire, donc orthodoxe.

RAPHAEL.

Orthodoxe! Vous en doutez! Je ne me permets pas, en ces matières, de penser par moi-même.

MOI.

Vous renoncez donc à votre liberté?

RAPHAEL.

Du tout. J'en use conformément aux intentions de la Providence. Dit-on d'une planète désorbitée et vagabonde qu'elle est libre? Si je n'étais pas libre, je n'aurais pas pu connaître les voies du Seigneur et les suivre sans dévier.

JACQUES.

Mon garçon, tu bafouilles. Si tu suis la loi de Dieu, tu n'es pas plus libre que la pierre qui suit la loi de la pesanteur.

RAPHAEL.

Mais moi, j'ai une âme immortelle, et la pierre n'a pas d'âme du tout.

MOI.

Qu'en savez-vous ?

JACQUES.

Affirmation pure.

LUCIEN.

Que vous êtes bêtes de chicaner là-dessus ! S'il vous faut absolument une certitude, je fais une proposition : Camille et moi nous allons jouer à l'écarté, en parties liées, l'âme immortelle, la liberté, la Providence, tout le bazar. Il vous suffira d'accepter le sort des cartes pour que les choses soient comme vous les croirez être.

RAPHAEL.

Mon cousin, j'aime qu'on discute ces choses, mais pas qu'on les moque.

MOI.

Les enjeux sont trop gros. Et puis, j'ai l'habitude de ne jouer que ce qui m'appartient.

RAPHAEL.

Camille a raison. Quand il aura perdu sa liberté, en sera-t-il moins libre ?

JACQUES.

Et s'il la gagne, le sera-t-il davantage ?

RAPHAEL.

Je ne veux pas être une pierre qui tombe, moi... D'ailleurs, le miracle prouve la liberté.

JACQUES.

Oui, comme la folie de Pierre prouve la raison de Paul.

RAPHAEL.

Ma liberté se prouve elle-même ; je veux, donc je suis libre.

MOI.

Mais vous ne pouvez vouloir ce que vous ignorez.

LUCIEN.

Ce qu'on ignore n'existe pas.

MOI.

Allons donc ! Il n'y a de réel que ce qu'on ignore.

JACQUES.

L'incognoscible ! Ah ! il y a longtemps qu'on n'avait parlé de ce monsieur.

RAPHAEL.

Je répète que je suis libre.

LUCIEN.

Tu l'es, puisque tu dis l'être. Na, es-tu content ?

JACQUES.

Tu ne l'es pas, puisque tu es incapable de le prouver. Tu n'es qu'une pierre, te dis-je. Une pierre, et pas autre chose... Toute cause amène son effet, et chacun de tes gestes est déterminé.

MOI.

Pourquoi pas dire : prédéterminé !... C'est la doctrine de la prédestination, cela.

RAPHAEL.

Non, je crée des causes ; je me détermine moi-même.

JACQUES, *haussant les épaules.*

Autant dire que tu t'es fait toi-même, sans le secours de tes père et mère.

RAPHAEL.

Ils m'ont procréé, mais je me suis recréé.

JACQUES.

Oui, avec du pain, de la viande, du vin et des livres.

RAPHAEL, *s'exaltant.*

Je me suis recréé par ma liberté !... Voyons, suis-je libre, ou non, de me jeter par la fenêtre ?

JACQUES.

Non.

RAPHAEL, *exaspéré.*

C'est trop fort, et je te prouverai bien...

Il ouvre la fenêtre et se précipite dans le vide. Nous restons un instant stupéfaits.

LUCIEN.

Bah ! il ne s'est pas fait de mal. Nous sommes au premier étage ; il a sauté dans le jardin. L'air de la nuit le calmera.

Mais nous entendons des gémissements ; nous dégringolons l'escalier. Au bas, nous trouvons les garçons du restaurant, qui nous aident à remonter Raphaël évanoui. Jacques installe le blessé sur le divan et l'examine.

JACQUES.

Ce ne sera rien, une foulure du pied gauche.

RAPHAEL, *ouvrant les yeux.*

Je t'avais bien dit que j'étais libre... Aïe ! mon pied !

JACQUES.

Et ! non, animal, puisque tu ne pourrais pas recommencer.

RAPHAEL.

Mais je le veux, cela suffit pour que je sois libre. Supposez que je me fusse tué, je serais encore plus libre, puisque mon âme serait dégagée de son enveloppe infirme qui trahit ma volonté.

JACQUES, *furieux.*

Va te faire foutre, idiot.

RAPHAEL, *regardant son pied.*

Je n'irai pas communier ce matin, avec ma patte... A boire !

VII

FERRALS A CAMILLE

HOLA! LES SAVANTS, LACHEZ VOS LOUPES,
ET OUVREZ L'ESPRIT

Paris, 16 décembre.

Mon camarade, vous avez l'esprit joliment fumeux. Vous avez à votre disposition l'assortiment philosophique le plus complet, et vous faites le dégoûté devant chaque plat. Vous n'aimez donc pas les arlequins ! Ayez, alors, le courage de le dire, et cessez de vous en prendre aux gargotiers, qui n'en peuvent mais. Et pourquoi tant faire le fier devant la ratatouille métaphysique, vous qui en êtes farci, de métaphysique? Et puis, je ne sais plus, à la fin : Êtes-vous un penseur et cherchez-vous l'absolu, ou bien êtes-vous un politique et ne rêvez-vous qu'un remplaçant au gendarme divin, usé, fini, retraité?

Votre innocente-orgie philosophique, où le vin a coulé plus que les idées, je vous sais gré de me l'avoir contée par le détail et, de m'en avoir sténographié les moindres puérilités. J'y ai vu ainsi l'oscillation constante de votre esprit entre les absolus absurdes de votre ami Raphaël et ceux non moins absurdes de son cousin Jacques. Entre cet ange raté et cette bête volontaire, il faut que se fixe l'homme de demain. Or, vous ne vous fixez pas. Vous flottez, indécis, repoussé par la naïveté de l'un et rechassé par le brutisme de l'autre. D'ailleurs, c'est moins un tableau philosophique qu'un tableau psychologique que vous avez tracé : vous étiez tous gris, et incapables de raisonner ; aussi votre récit m'intéresse-t-il davantage ainsi, car il me montre à nu, ou plutôt me fait deviner, par quelques touches caractéristiques, l'âme mystique et l'âme matérialiste de ce temps, et c'est bien plus intéressant que les arguments ressassés par lesquels elles se combattent.

Et au milieu, votre âme complexe, par conséquent d'une faiblesse apitoyante. Mais quoi! Vos lamentos sur le chaos intellectuel du moment ne feront pas que les choses soient autrement. Comme vous, j'ai constaté la lassitude des âmes faibles et tendres, et les ai vues se réfugier au pied des autels d'où le doute immédiatement les éloigne pour les projeter dans les troublants mystères d'un fragment de science qui se cherche encore après des dizaines de siècles et en est encore à bégayer ses formulations premières, sans que les initiés de l'Inde, de la Chaldée, de l'Égypte et de la Grèce y aient ajouté un mot. Un vent de réaction souffle parmi notre jeunesse pensante, à désemparer les plus robustes.

Et que font, devant l'orage, les conducteurs attitrés de la jeunesse ? Rien. L'un d'eux, de grande élégance d'âme, trouve un charme littéraire à ce néo-mysticisme, essaye de calquer l'âme française sur l'âme russe, prêche qu'il faut croire et ne dit à quoi : il a gagné à cet éloquent labeur ses palmes d'immortel. Un autre s'en va-t-à Rome, d'où il rapporte un dieu déguisé en sergent de ville. Un autre encore groupe la jeunesse, l'organise, la discipline matériellement, et lui crie : « Ton culte et ta foi, c'est ce qui t'entoure immédiatement, gens, bêtes, logis et sol. Passée la frontière, finie la religion. » Un caporal en ferait autant.

Un autre enfin, le plus grand de tous, refuse de compromettre sa grassouillette petite personne dans les poussées tumultueuses de foules et d'idées. Ironiquement juché à califourchon sur une double échelle de bibliothèque, il domine le pour et le contre, les oppose, les dose et les recompose en vérités synthétiques qui ne peuvent plaire à personne, parce qu'elles ne sont pas sottement uniformes et unicolores, mais tout en muance et en nuances; il conclut toujours au triomphe du pour sur le contre; mais il approuverait tout aussi bien le triomphe inverse, le pour ayant pour envers et complément le contre, et celui-ci celui-là. En sorte qu'en dernière analyse, c'est le malicieux sophiste qui triomphe. Je suis fâché cependant que vous n'ayez pas apprécié son mérite, car c'est après tout la bonne cause qu'il sert. Votre sévérité à son égard m'a chagriné aussi profondément que m'a réjoui votre justice à l'égard du vieux drille à qui vous l'avez si légèrement apparié.

Non, l'auteur de la *Science de l'Avenir*, d'esprit si complexe, ne méritait pas d'être mis au plan de l'auteur de *Jenny l'Ouvrière*, ce lourdaud simpliste que sauve la légèreté d'un style incomparable. Le premier a fait des sceptiques, le second des jésuites. Certes, c'est une grande faute que de rendre sceptiques ceux qui n'appliqueront pas leur scepticisme à la science, mais à la conduite de leur vie; mais est-ce la faute du maître seul si les élèves sont tels? Il s'adressa à l'âme française, éminemment simpliste; il le fit avec son don particulier, qui est une merveilleuse clarté d'exposition, précisément propre à attirer et à retenir les simplistes; ils crurent comprendre et formèrent la masse de ses suivants. Grave malentendu. Auguste Comte l'a heureusement évité sans s'en douter : Sa pensée compliquée a été servie par une forme adéquate qui a été comme un premier obstacle opposé aux esprits inaptes et une première épreuve d'initiation pour les autres. Seuls ceux qui l'ont surmontée, cette difficulté d'un style formidablement lourd et enchevêtré, et ont pénétré dans ces massifs alinéas en persienne, composés d'une seule phrase tournant une page d'in-quarto, seuls ceux-là ont pu profiter de l'enseignement et ne l'ont point faussé en leur cerveau.

Votre colère contre les philosophes ou prétendus tels trahit votre déception de ne pouvoir appuyer les réalités sur le mystère. Mais veuillez enfin vous rendre compte que cela n'est plus possible en ce siècle de libre et inquiète recherche où tout fait se contrôle et s'analyse ; comprenez donc mieux votre temps et travaillez à lui donner des principes qu'il puisse accepter sans répugnance et sans ironie ; songez donc que les enfants de six ans même ne croient plus à Croquemitaine et savent d'avance ce que le petit Noël mettra dans leurs bottines, ayant écouté aux portes le devis de dépenses de papa et maman. Recherchez, si cela vous amuse, l'initial comment et le final pourquoi des choses, mais basez votre recherche sur des réalités. Allez du connu à l'inconnu, mais ne trépignez pas comme un enfant à qui on refuse la lune, dès que le terrain manquera sous vos pieds. Surtout n'accusez pas la science : elle a pu faire faillite à quelques-unes des espérances qu'on avait fondées sur elles, ou plutôt en ajourner l'accomplissement. Mais que direz-vous alors de l'irrémédiable et finale banqueroute de la métaphysique, qui, elle, a tout promis et rien donné ?

Demeurez idéaliste, certes ; mais que votre

pensée en s'élançant vers l'azur ne cesse de sentir ses racines profondément enfoncées dans la terre. L'idéaliste pur est un ballon qui flotte dans l'air au caprice des vents, tel l'Euphorion du second *Faust* ; le matérialiste pur (j'entends le simpliste) est un animal dont le museau est sans cesse tourné vers le sol : Ayez les pieds dans la boue et le front dans les nuées, alors vous serez véritablement grand. Soyez matérialiste en vous reportant par la pensée à l'animalité de votre origine, et soyez idéaliste en apercevant le premier, du haut de votre esprit, les aurores splendides qui illumineront l'humanité de demain. Cette doctrine de l'évolution, pour laquelle vous n'avez que répugnance, qu'est-elle, sinon la formule même de l'idéal ! Évoluer, c'est désirer, c'est vouloir, c'est réaliser. Qui vous dit qu'en ses songeries rudimentaires, la limace n'aspire pas à trotter agile sur quatre vigoureuses pattes ! Et qui oserait prétendre que ce vœu obstiné ne sera pas exaucé !

Votre ennemi, votre pierre d'achoppement, c'est l'absolu. Vous qui n'êtes pas un simpliste, pourquoi tenez-vous pour l'absolu tout autant que Raphaël le catholique ou que Jacques le matérialiste ? Est-ce que, hors de ces deux affirmations catégoriques, il n'y a plus rien ? Quoi ! point de place pour une vue précise des choses, et de leur relation entre elles et entre elles et nous ! Prenons, par exemple, la thèse déterministe, ou plutôt fataliste, de M. Maréeaux. Comment vous êtes-vous contenté de la juger d'un mot : la prédestination, ne l'avez-vous pas appréciée à sa valeur, avez-vous consenti à passer outre ! Comment, d'autre part, vous a-t-il suffi de prendre en pitié l'usage absurde que fait de sa liberté M. de Saint-Avit, usage non moins absurde que sa définition métaphysique de la liberté, et n'avez-vous pas compris que certaines conditions organiques et de milieu créent la liberté relative dont usent les hommes et les animaux supérieurs !

Tout d'abord, qu'est-ce que la liberté ? La faculté pour un organisme d'accomplir toutes les fonctions inhérentes à sa nature propre. Je me rappelle que, dans le temps où j'étais en prison, un mouchard, appelé là par son service, me reconnut et voulut bien me plaindre de ma claustration déjà longue. Légitimement blessé par cette insultante pitié, je répondis net au cou pelé : — Libre, eh ! je le suis plus que vous.

Un Jacques Maréchaux en m'entendant, aurait dit : — Vous ne l'êtes ni l'un ni l'autre. Un Raphaël de Saint-Avit aurait dit, et vous aussi sans doute : — Vous l'êtes tous deux également. Et tous vous auriez eu raison, mais je n'avais pas tort, moi non plus. Oui, certes, j'étais plus libre sous mes verrous que ce malheureux dont l'esprit retenait servilement la lettre des consignes et dont le bras était enchaîné à leur exécution. Matériellement même, j'étais encore plus libre que lui, puisqu'on avait pris le soin de me faire savoir qu'une demande de grâce signée par moi serait accueillie favorablement, et qu'ainsi j'étais libre d'être libre aussitôt que je le voudrais.

Car c'est la faculté de choisir qui constitue la liberté, toute relative, des organismes conscients. Au point de vue absolu, l'homme que détermine le plus puissant mobile entre vingt, n'est pas plus libre que la pierre entraînée par un seul, sa pesanteur. Mais au point de vue relatif, le seul qui importe, j'étais plus libre que le mouchard, et celui-ci que la pierre. Nous ne naissons donc pas libres, mais le devenons ; et nous le devenons à mesure que surgissent en nous et autour de nous les moyens et les conditions de la liberté, sans lesquels elle n'est pas : Si je suis cul-de-jatte, ce sera une dérision de me prétendre libre de courir ; et ainsi de suite pour l'accomplissement de toutes les fonctions organiques, de l'orteil au cerveau.

Subtilité scolastique, dirait Jacques : l'homme déterminé par le plus puissant d'entre vingt mobiles n'est pas plus libre que la pierre déterminée par un seul. Erreur. A mesure que l'homme se développe, il crée de nouveaux mobiles avec ceux que lui imposent sa nature et les choses ambiantes ; on peut ainsi dire qu'il se détermine bien plus qu'il n'est déterminé. Preuve : Jeté en prison pour le service d'une cause que je crois juste, je n'ai pas à considérer cette privation de ma liberté d'aller et venir ni la sorte de mésestime publique qui en résulte dans le mal immédiat qu'elles m'infligent, mais dans leurs conséquences, car je sais prévoir, c'est-à-dire combiner le mobile futur avec les mobiles actuels et anciens. Me voici donc libre de demeurer prisonnier ou de prendre la clef des champs, sous la condition que j'ai dite. Si j'étais un primitif entre nos civilisés, je n'estimerais rien au-dessus de la faculté d'aller et venir à mon caprice, de rendre à mes muscles leur jeu par les longues promenades et à mon estomac la santé par une nourriture plus délicate et plus forte que l'ordinaire de la prison. On me demande, à moi primitif, d'accomplir une formalité pour moi insignifiante : signer ma demande de grâce. Oui, certes, moi primitif, je la signerai ; oui, certes, je prendrai l'engagement de ne plus m'exposer à revenir dans un logis où la promenade et les repas sont trop sommaires et où je ne puis voir mon amie qu'à travers une grille.

Mais je ne suis pas un primitif : J'ai ou crois avoir une mission. Si j'use de la liberté matérielle qu'on m'offre, il me faut renoncer à ma liberté cérébrale. Il y a des choses que je ne pourrai plus penser, puisque je ne pourrai plus les dire. Je refuse donc de signer le désaveu de ma conduite passée et d'enchaîner ma conduite future. Je renonce au plat de lentilles et garde mon droit d'aînesse. J'ai ainsi fait acte d'homme libre. Admettez que je meure sous les verrous : ma libre pensée s'envolera, et mon exemple, à défaut d'œuvre, hantera les cerveaux où naîtront les choses que je n'aurai pu accomplir.

Être un agent conscient de l'évolution qui pousse l'humanité vers le mieux-faire et le mieux-être, se dire : « Je pourrais vivre dans une paix égoïste, employer à ma fortune mon intelligence aux dépens de l'ignorance d'autrui, être comblé des biens que les foules apprécient, et je préfère recueillir l'ingratitude actuelle en échange des biens futurs que j'apporte à tous, » se dire cela et agir en conséquence, c'est faire acte de liberté. Oui, on prouve justement qu'on est libre en choisissant la meilleure part, celle qui ne peut pas être enlevée, celle que les larrons ni la rouille ne peuvent dérober ni atteindre.

Vous pleurez la mort des philosophies. Eh ! qu'ont-elles à se survivre ! N'ont-elles pas accompli leur tâche ! Elles disparaissent parce que leur mission provisoire est terminée. On sait aujourd'hui que le « moi » se refuse à l'analyse subjective et qu'il n'est pas de besogne plus décevante que de bâcler six cents pages sur une impossible observation intérieure. Et voici qu'au moment où des penseurs qui sont des savants accumulent des matériaux et posent les principes de la connaissance expérimentale de l'âme, une nouvelle psychologie métaphysique renaît de l'accouplement sénile de la philosophie et de la théologie. Ce n'est pas sur cette mort-là, mais sur cette naissance-ci qu'il faut pleurer, mon camarade.

Le surgissement des phénomènes méprisés par la science menace de ramener les foules au merveilleux, et le monde s'apprête à baser ses croyances, ses espoirs et ses œuvres sur de nouveaux mystères. Déjà des savants s'affolent et, rompant avec leurs habitudes de prudence, rallument le mysticisme mal éteint des foules. Et cela par la faute du passé, qui nous tient encore et ne se résigne pas ; par la faute, surtout, des savants officiels acharnés stupidement à nier ce qu'ils devraient étudier, disséquer, analyser et réduire à la pure et simple expression de la vérité naturelle.

Gare au détraquement général ! Les très réels phénomènes psychiques mis hors la science par les académies, reprennent les cerveaux en qui la négation des mystères avait fait le vide. L'épidémie gagne rapidement du terrain, conduite par ces myriades de fils électriques que sont les nerfs des femmes ; l'humanité pensante est à la veille d'une crise de folie, par l'imprudence des uns, l'insouciance des autres et l'ignorance des foules.

Holà, les savants, lâchez vos loupes et ouvrez l'esprit ! Il y a des gens qui substituent leur pensée à celle d'un sujet, d'autres qui communiquent à distance sans téléphone ni télégraphe, d'autres qui dédoublent leur apparence physique, d'autres encore qui semblent violer les lois de la pesanteur, d'autres enfin qui suspendent la vie et ses fonctions des mois entiers. Ce sont des phénomènes naturels, qui ont leurs lois ; n'en ayez ni peur, ni mépris. Connaissez mieux l'homme, et sachez ne pas limiter sa forme aux contours que réfléchissent vos yeux. Faites de la physio-psychologie expérimentale, préservez des ignorants, des hallucinés et des charlatans le cerveau de notre faible humanité, convalescente d'une longue crise mystique ; sauvez-vous et sauvez les hommes de demain. La philosophie qui vous manque, qui sait ! c'est peut-être de là qu'elle naîtra. Oui, sûrement, c'est de là. Arrachez aux enfants qui jouent avec le feu ces brandons d'incendie, et faites-nous-en des flambeaux.

Vous le voyez, mon cher Camille, je tâchais de vous réconforter, et, à regarder en face le péril, la peur m'a gagné. C'est qu'en vérité la pensée humaine passe un terrible moment.

Déjà, les écrivains, ces marchands de modes, ont flairé le vent. Ce matin, un journal littéraire publiait trois nouvelles, signées de noms connus : la première sur la télépathie, la seconde sur la peur des fantômes, et la troisième sur le dédoublement physio-psychique d'un individu blessé dans un jardin et trouvé sanglant dans son lit qu'il n'avait pas quitté. Le même journal nous apprend, dans le même numéro, que l'un des trois auteurs vient d'être frappé de folie. Un ami m'affirme que la démence du malheureux est vieille de six mois. Mais les deux autres? Ils feront des fous et se feront des rentes. Gardez-vous.

FERRALS.

VIII

QUESTION ET RÉPONSE

— PASSERONS-NOUS SOUS SILENCE LES BATARDS D'AUGUSTE COMTE ? — OUI !

Cannes, 18 décembre.

Je ne vous comprends plus : Vous pensez en positiviste et parlez en idéaliste. J'omets volontairement de classer les positivistes parmi les philosophes, et vous ne daignez protester. C'est pourtant eux qui, dans le cercle où se meut votre esprit, ont le plus d'idées générales.

Quoi ! vous vous taisez sur Herbert Spenser, alors que tous ceux qui font profession ou métier de penser sont si abondants sur lui ! Serait-il, à vos yeux, un simpliste ?

Comment ! vous videz un encrier à défendre l'exégète ranci et de science douteuse que méprisent les coups de nos jeunes les plus batailleurs, et du plus direct successeur français d'Auguste Comte pas un mot ! Il a du style, cependant, l'anecdotier de la Révolution. Le trouveriez-vous, d'aventure, trop simpliste, lui aussi !

C.

Paris, 19 décembre.

Oui, c'est volontairement que j'ai passé sous silence ces bâtards d'Auguste Comte, à peine plus intelligents que ses fils légitimes. Je vous en prie, laissons à leur cabinet ces ramasseurs de bouts de papier. Il leur manque encore tant de fiches et de notules, et ça marque tant de trous dans leur œuvre, que l'on ne saurait s'y aventurer sans trébucher de l'esprit. L'anglais, anarchiste de la haute, défend son aristocratie locale contre une lamentable plèbe en rumeur de révolte et rabâche, apprises par cœur, les économisteries de la vieille école abandonnée de Manchester, amputées de l'âme qu'y avait mise John-Stuart Mill. Le français, petit bourgeois incroyant, emprunte aux curés leurs anas imbéciles sur la Terreur. Tenez, reparlons plutôt des littérateurs. Ils sont tout aussi prétentieux, mais on est averti du moins qu'ils font de la fantaisie.

F.

IX

CAMILLE A FERRALS

QUEL TEMPS, MON AMI, QUE CELUI OU L'ON VOIT DES CRITIQUES AU BIBERON!

Cannes, 25 décembre.

Soit, parlons des gens de lettres. Mais desquels, je vous prie ? Des feuilletonnistes de petits journaux ou des philosophes pour dames, des romanciers médicaux ou des poètes pour malades ? Écoutez donc, je ne sais s'il ne vaut pas mieux les jeter tous dans le même oubli.

La littérature a été mes premières amours et je m'en garde rancune amère, tant la déception a été profonde. J'ai fréquenté, vous l'ai-je dit ? les cénacles où se délayent en salive les pures et brûlantes sèves d'idées et d'images, de la bière noyant le tout. J'ai tutoyé là de très grands poètes, sacrés tels pour un sonnet. J'ai fait de l'escrime esthétique avec des critiques de seize ans, et je connais deux ou trois douzaines de «jeunes maîtres» qui, au moment de tirer au sort, avaient déjà jeté à la loterie des éditeurs leur sixième roman. J'ai connu les théoriciens stériles et les laborieux plus stériles encore. Je les ai tous vus passer au laminoir de leur petit cerveau un filon arraché à la veine de quelque vrai maître, Baudelaire et Stendhal de préférence. Et je leur en veux, j'en veux à leur métier et à ses rubriques d'avoir tué en moi toute faculté d'émotion et d'admiration. Je les déteste pour avoir éveillé en moi un sot critique au sens maladivement affiné. Mettez un simple en face d'une œuvre : si c'est un livre, il en goûtera le récit ; si c'est un tableau, le sujet : la philosophie s'en dégagera et la leçon, si leçon il y a, sera reçue. Moi, perverti par les esthètes, je ne verrai que le faire et j'éplucherai le livre en peintre, le tableau en littérateur, s'agît-il d'un état d'âme ou d'une citrouille. Me tombe un chef-d'œuvre sous la main, les défaillances de l'artisan me cacheront le génie du trouveur.

Quel temps, mon ami, que celui où l'on voit des critiques au biberon ! Nous avons aussi beaucoup d'assassins qui ont à peine l'âge d'être guillotinés. Je songe, effrayé, à la précocité des générations venantes. Nos écrivains, sauf exceptions précieuses mais raillées, ne veulent plus commencer par les incorrectes et émouvantes niaiseries rimées où l'âme qui doit planer un jour tente son essor, tel un oiselet voletant, gauche et charmant, au-dessus de son nid. La plupart de ces enfants phénomènes sont prodigieusement érudits, ou le paraissent, grâce aux manuels. Ils ont dans la tête un échantillon des littératures de jadis et d'ailleurs, et dans le cœur le seul désir de parvenir ; ils lisent l'humanité dans les livres et ne savent même pas noter ce que leur concierge peut leur dire d'intéressant. Ceux qui daignent encore écrire un rondel ou une ballade s'essayent avec de fausses ingénuités à l'imitation des simplettes histoires de nos premiers âges littéraires ; on dirait des bourgeoises, égarées au village, qui tentent de patoiser, manient la baratte en se sauvant à la première tache, se garderaient bien de jeter une fourchée de fumier sur le chariot, et, néanmoins, soupirent qu'elles étaient faites pour la vie champêtre. Ils sont dépassés, à ce jeu puéril, par des hordes de Flamands, de Valaques et d'Américains du Sud, qui traduisent en sabir de banlieue les joliesses amoureuses de Charles d'Orléans.

A tout prendre, je préfère ces sots bonshommes aux élégants messieurs qui confisent des psychologies littéraires. Oh ! ces bavardages de salon d'enrichis où l'on a lu et cru comprendre des vulgarisations de philosophie allemande, ces trop savantes subtilités qui viennent tout droit de la scolastique du moyen-âge, ces chimies de néant dans de vides cornues cérébrales, connaissez-vous rien d'aussi pitoyable ! Le procédé (car toutes les « littératures » ont le leur) est d'une simplicité telle qu'il est à la portée de quiconque, ayant de l'orthographe et deux mille francs devant soi, refuse de métrer des soieries ou de construire des viaducs. On cueille dans les vocabulaires les termes de la science et de la philosophie les plus présentables en société, et l'on va de l'avant, on déballe son « moi » ou celui d'un personnage imaginaire.

Si par hasard un quidam doué de bon sens s'obstine à lire et prétend à comprendre, on foudroie le bonhomme de cet argument sans réplique: « Eh! balourd, il faut, pour entendre, un autre intellect que le tien. Ce n'est pas une âme vulgaire comme la tienne que j'ai disséquée, mais celle d'un monsieur « très distingué » dont tu n'approcheras jamais. » L'interpellé ne peut contester: on voit bien, à la foire, des veaux à deux têtes. Seulement, ils sont dans de l'esprit de vin.

Mon langage vous étonne, sans doute; à la tournure de mon esprit, vous deviez me croire plutôt partisan des raffinés jongleurs de la pensée et du mot. Ne vous hâtez pas, cependant, de me taxer de contradiction. Vous le savez, les êtres un peu complexes paraissent illogiques à qui ne sait démêler tous les mobiles de leurs actes ou de leurs dires. Je ne crains donc guère ce reproche, et, pourtant, j'ai tenu à le prévenir. Vous avez pressenti que si je me laisse aller contre cette sorte d'écrivains à une vivacité de sentiments dont j'eusse été incapable avant notre rencontre, c'est que je ne les sens pas sincères et qu'ils m'ont gâté par leur stupide industrie la joie que j'eusse gardée toujours dans la débâcle de toutes mes joies, savoir : rêver l'homme de lettres idéal quintessenciant en un livre unique, œuvre d'une vie, des idées rares harmonieusement exprimées en des vocables neufs ou savamment rajeunis. C'est dépit d'amant déçu, vous dis-je, et ces déceptions font naître les grandes haines.

Croyez-vous que j'excepte de mon anathème cette nouvelle catégorie de littérateurs qu'on appelle les mystiques ? Il faudrait pour cela que je n'eusse pas eu le désagrément de les voir naître. Et, pour mon malheur, j'ai passé aussi par ces coulisses-là et en ai contemplé les cabot'ns au repos. Car j'appelle cabotin, c'est-à-dire mauvais interprète, quiconque ayant à soi ce qu'il faut pour écrire s'en sert pour répéter la forme ou la pensée d'un autre, au lieu de faire tout bêtement les comptes de sa blanchisseuse. En imitation de deux grands poètes qui combinèrent à merveille la dévotion et la volupté, ils ont fabriqué de cette élégante littérature pour nos blasés à la recherche de nouveaux vices, de ces vices cérébraux qu'appela le « vice suprême » un grand artiste atteint d'une folie raisonnante des grandeurs qui ne l'empêche, hélas ! pas de se survivre et d'enterrer son œuvre d'hier sous le ridicule de l'œuvre d'aujourd'hui. Au lieu de chercher des « frissons nouveaux », comme ils disent, ils ont tout uniment pillé les Écritures et campé sur les planches la Vierge et le Christ. Oui, j'ai vu, sur un théâtre, le Fils de Dieu, le Verbe des dix-neuf siècles écoulés, conter fleurette à Marie-Magdeleine. J'ai vu dans des mystères joués, peints, ou mimés, car toutes les formes du spectacle y ont passé, voire l'ombre chinoise tant propice aux pantomimes obscènes, j'ai vu les badauds se croire artistes et croyants parce qu'une musique savante et subtile s'était faite la complice du tréteau pour cette énervante besogne d'onanisme mystique. Avec les âmes nobles et les âmes neuves, j'ai souffert des postures hiératiques que démentaient les clins d'yeux canailles du texte et des interprètes. J'ai entendu des viveurs, venus à ces jeux pour être au courant, brailler entre deux bocks à la résurrection de l'idéal ; je les ai vus rudoyer leurs compagnes de hasard pour avoir regretté tout haut l'Ambigu et n'avoir su avaler leur langue décemment en la société d'esthètes distingués. Les sous-faiseurs d'art, habiles à monnayer, ont pris le vent et il n'est bon mélodrame aujourd'hui qui n'ait son bon curé, acclamé par des incroyants enchantés de se donner mutuellement un brevet de tolérance. Ah ! ma chère madame, si tous les prêtres étaient comme c'ui-là...J'aime mieux, décidément, le Jésus-Christ de Zola et les cynismes du Théâtre-Libre : le cochon y barbote dans son auge, et ne fait point mine, du moins, de lever son groin vers le ciel.

CAMILLE.

X

FERRALS A CAMILLE

SI ON AVAIT LA LUNE ON NE SAURAIT QU'EN FAIRE

Paris, 3 janvier.

A la bonne heure, mon ami, vous reprenez forme et vie. Vous voilà déjà passé du mépris à l'indignation, et la fièvre succède au coma. Vos colères, que je n'approuve pas toutes, m'ont réjoui. Je savais bien, moi, que vous finiriez par vibrer. Certes, vous rêvez toujours d'avoir la lune, mais vous n'êtes pas éloigné du moment où l'on se convainc que le seul moyen de l'avoir est encore de la tenir au bout d'un bon télescope, et qu'on ne l'aura jamais autrement, ni mieux, ni de plus près, et, surtout, que, si on l'avait dans les bras, on ne saurait qu'en faire.

A présent que je vous sens sauvé, ou sur le point de l'être, soufflons un peu, voulez-vous! écoutons ensemble l'appel discret qu'en sa détresse une belle âme, une âme de demain perdue sous un amas d'âmes inférieures, des âmes d'hier, a noté en ces feuillets, journal d'un naufragé déjà résigné à son sinistre. Vous y verrez que mon malheureux camarade (un journaliste chassé en province par la faim) méritait mieux que son sort. — Un journaliste, direz-vous, la grande perte ! — Oui, monsieur, perte réelle, car le journaliste, j'entends le vrai, est moraliste et philosophe plus que toute une académie des sciences morales et politiques, et celui dont je vous parle savait penser, n'ayant point atrophié son jugement dans une spécialisation scientifique ou littéraire quelconque.

Voici les notes de mon exilé, telles que je les retrouve dans mes papiers :

. . . .

En attendant d'être comme eux, c'est-à-dire incapable de les juger (le fut-on jamais par ses pairs !), je veux fixer à mesure les impressions reçues de ces gens au penser lent, au parler abondant, pas plus attachés que les Parisiens à leurs préjugés, en ayant qui leur sont propres, convenables là et non plus loin ; une idée, même commune, même fausse, se transplantant avec plus de difficulté qu'un arbuste rare.

On admire ici un fonctionnaire retraité pour un chien qu'il a, un roquet blanc, gros comme un liard de beurre, dont les père et mère, ratiers authentiques, ont coûté six cents francs.

Le retraité et son animal logent au quatrième étage d'une maison colosse bâtie par une société de crédit, où il n'y a pas de rats, même dans les caves.

Quand il a touché sa pension, notre homme se donne le luxe de promener son chien dans la campagne. On ne rentre jamais sans avoir mis à mal deux ou trois poules. Le maître paie le dégât sans sourciller, et s'en va au café où l'affaire est déjà connue, très fier d'être montré aux voyageurs comme le monsieur qui a un ratier de six cents francs.

Nous avons rencontré avant-hier, dans la montagne, une gardeuse d'oies destinée à faire fortune.

Nous avions laissé notre voiture à une demi-lieue de là et, sous un soleil à pic, nous allions, à travers haies et terres, vers une ruine qu'il faut avoir vue.

Surgit d'un trou de buisson la paysanne, son tricot à la main, ses oies au bout de sa gaule passée sous le bras. On ne peut se rencontrer aux champs sans causer; on cause donc.

Le temps est chaud; nous sommes donc de la ville? Les récoltes ne seront point trop bonnes; où avons-nous donc laissé notre voiture? Les sentiers sont mauvais; elle est partie plus loin? Voilà des blés qui ne donneront que de la paille; nous ne la reprendrons donc pas au retour? On a du mal à vivre, quand on cultive; nous serons-t-y point fatigués d'aller d'une traite jusqu'au vieux château? Nous ferions ben de nous reposer par cette chaleur; l'auberge est là tout contre, au tournant du sentier.

— Elle est à vous, l'auberge?

— Oui, mon bon monsieur.

O génie du commerce. Fourier t'a calomnié.

De la terrasse du Grand-Café ou de la fenêtre du Cercle des Négociants, comme on voudra.

Votre interlocuteur interrompt ses doléances sur le préfet, qui est toujours à Paris, et vous montre un passant.

— Tenez, voilà le plus grand cocu de la ville.

Mes voisins achètent des poules au marché et, pour les engraisser, les enferment dans un volailler à compartiments qui occupe un coin de la cour commune. Quand la bête ne peut plus remuer dans son étroite cage, elle est à point. Quelquefois, pressées d'aller jacasser sous le portail, les bonnes la tuent à moitié et j'entends une demi-heure comme un cri de pauvre vieille maman égorgée. Parfois à ces râles répondent des pleurs d'enfants d'une charretée de cabris entassés qu'on mène à la boucherie. Affolé de cette plainte de l'animal contre la cruauté humaine, je tremble d'entendre aussi la protestation douloureuse des plantes et des choses elles-mêmes.

Raconter les histoires du prochain, grande occupation ici. Celui qui ne prête pas à médire n'est pas pour cela épargné. On en ôte un peu aux autres, afin que chacun ait son paquet.

Je sais un brave homme dont le défaut était d'être sans vices. On lui en a donné un. Il travaille maintenant à mériter sa réputation. Il sera bientôt assez riche d'escapades pour qu'on lui en emprunte et les reporte sur d'autres plus timides, plus mal portants ou plus vertueux.

Hier soir, j'ai eu la curiosité d'un bizarre monde d'errants réguliers. Dans une salle de cabaret où l'on peut tenir cinquante, sautaient et viraient, au son d'un piston enragé, une soixantaine de couples ; les gars dépoitraillés, les jeunesses vêtues de couleurs voyantes, eux rudes et elles hardies, le plus vieux couple n'atteignant pas quarante ans, tous hâlés noir comme les bohémiens et non bis comme les paysans. Ce sont les gens du canal, mariniers et marinières ; les vieux et les tout jeunes sont à dormir dans le bateau, avec l'âne.

Quand le musicien est las de souffler, il racle un violon criard qui perce à peine le bruit des galoches, car tout se saute, même la valse. Après chaque danse, leur sou donné au ménétrier, les garçons vont au comptoir boire de la bière mélangée de limonade. Les filles galopent en troupeau vers la cour, où le cabaretier a déposé à leur intention un seau d'eau sur la margelle du puits. Elles se repassent avec des poussées le gros verre qu'elles ont empli à même le seau en plongeant jusqu'au poignet leur patoche mal lavée, ou point.

Un garçon qui paierait à boire à une fille serait bafoué de tous. Les plus amoureux, pourtant, se font apporter en cachette une bouteille de limonade qu'ils boivent avec l'élue, dans le noir, sous l'escalier extérieur de la maison.

. . .

Oh ! la légende de Paris-Babylone !

Me sachant de la grand'ville, on veut me montrer qu'on vaut mes compatriotes. Aussi, dès qu'on est entre hommes, c'est à qui se vantera des plus grosses turpitudes. Le quart en serait vrai, qu'il leur devrait valoir à tous le bagne. Quelle idée ont-ils donc de la « capitale », et quelles horreurs font-ils donc quand ils vont y passer quelques jours !

Une chanteuse, dans un théâtre forain, m'a charmé tout un soir par l'adorable gaucherie de son jeu, la fraîcheur de sa voix d'enfant de chœur, son fin profil de vierge gamine. Au milieu des autres pitres grotesques et lamentables elle brillait d'une clarté blanche, douce, reposante, attendrissante. Les vieux garçons les plus répugnants se sentaient pères à la regarder.

Je l'ai revue le lendemain matin, toute semblable à la bande sordide dont elle était. Elle se tenait accroupie sur les degrés de la baraque, voûtée comme la grosse vieille femme qu'elle épouillait filialement, et sale!...

Sa vertu, m'a-t-on dit, l'encroûte dans cette crasse où ses parents la veillent, n'exploitant, honnêtes, que sa voix, véritablement merveilleuse, bientôt emportée par les brises qui se glissent entre les toiles mal jointes de la loge. Alors, elle fera le boniment à la porte, avec la grosse vieille femme de trente ans qui, jadis eut, elle aussi, une voix d'ange de cathédrale.

La vertu d'une artiste n'est pas celle d'une ménagère ; sa vertu, c'est son art ; et elle doit tout lui sacrifier. Voilà ce que je t'aurais prouvé, ma petite, si j'avais eu dix ans de moins ou dix mille francs de plus.

Le journaliste, en province, est considéré comme un amuseur, et on lui accorde autant d'estime qu'au comédien, un peu moins qu'au musicien. On ne lui en voudrait pas d'être débraillé, ivrogne et paillard ; au contraire, s'il est d'allure bourgeoise et de mœurs régulières, on s'étonne comme d'un manque de tenue. Le rencontre-t-on au café, on ne souffre pas qu'il paie sa consommation ; son insistance est une offense, quelque chose comme une tentative effrontée de se tenir sur le pied d'égalité avec les notables qui veulent se débaucher en sa compagnie et entendent faire les frais de leur plaisir.

L'autre jour, me trouvant avec un usinier qui a voyagé quelque peu, je crus pouvoir penser tout haut là-dessus. Il m'écoutait de son air hautement bienveillant. Quand j'eus fini, il voulut me prouver par un mot bien senti qu'il m'avait compris et qu'il m'approuvait dans ma révolte d'homme cultivé. Et voici ce dont il accoucha, d'une voix d'oracle :

— Il n'y a pas de sot métier.

Je me retins de le gifler et je me vengeai mieux en payant son bock.

. . . .

Mais je m'arrête : j'ai conscience de vous ennuyer, avec mon journaliste. Pour faire bref, je vous dirai qu'il a fini par s'enlizer, en dépit du réconfort spirituel que quelques amis et moi ne lui épargnâmes point. Bientôt, nous vîmes à ses réponses qu'il ne lisait plus même nos longues lettres; dans ses rares réponses, chaque fois davantage espacées, nous pouvions noter avec douleur le repliement graduel de cette intelligence ailée; à mesure il prenait davantage le ton de son déplorable milieu; et ce qui précipita la chute, c'est qu'il était un passionné; bientôt il ne vibra plus que pour ses mesquines polémiques locales.

Il est deux sortes de fin pour les esprits élevés : l'isolement absolu qui, donnant le vertige, précipite le cerveau dans les abîmes de la démence, et l'étouffement par les foules. L'homme de loisir doit se garder du premier péril ; pour l'homme de labeur, il faut, en plus de son héroïsme particulier, le hasard pour le sauver du second. Entendez par le hasard l'ensemble des circonstances extérieures que déterminent les faits indépendants de toute volonté personnelle.

L'étouffement par les foules de province est irrémédiable. Là, l'écart entre le haut esprit et les meilleurs de la masse est trop grand, Paris ayant attiré à soi l'élite de ces meilleurs. Non qu'il n'y ait pas en province quantité d'intelligences distinguées. Mais elles sont dans l'ornière des idées toutes faites. Elles réalisent la perfection dans leur ordre, mais ne s'évadent pas en des recherches novatrices de pensée, car là plus que partout le paradoxe est tenu en horreur, et tout écart de l'ornière est qualifié tel. Pour vivre de la vie de l'esprit et en tirer œuvre féconde, mieux vaut vivre avec des ratés et des demi-fous ignorants, poussés précisément par leur ignorance à tout inventer, qu'avec les médiocres les mieux équilibrés et les plus sagement accomplisseurs des tâches machinales.

Le calme de la province peut être salutaire à l'homme d'études spéciales, au savant; mais nulle part qu'à Paris le penseur et l'homme de lettres ne peuvent trouver leur atmosphère. Paris, ou le campement sans cesse renouvelé d'un perpétuel voyage; mais la stagnation en province, non, jamais. A Paris, on peut choisir ses relations affectives et intellectuelles; on peut quand on le veut les rompre pour un temps et pousser son œuvre dans l'isolement absolu que nécessite toute forte contention d'esprit. En province, où tous se connaissent, il faut être seigneur châtelain pour avoir le droit de refuser sa porte à toute une ville et à ses stupides cancans. Et notez que, pour gagner son pain, mon malheureux ami s'était mis au service du public pensant du lieu. Mieux lui eût valu de vivre avec des simples, qui ne lui eussent parlé que de la pluie et du beau temps et l'eussent ainsi reposé de ses travaux.

Vous avez bien compris que je ne méprise pas les utiles tâches intellectuelles du journaliste de province. Il n'en est point de plus nobles pour certains esprits, qui y sont propres et ne sont point destinés à faire mieux. En province, peut-être plus qu'à Paris, le journaliste remplace à son insu le prêtre. Toute fonction demande, appelle son organe, et finalement le crée. Le journaliste vient au moment précis où, la foi s'en allant, la morale ne va plus que de la vitesse acquise. Tout à point le journal se substitue au prône; quelle que soit l'opinion politique qu'il exprime, si mauvaises que soient ses mœurs privées, le journaliste travaille à l'amélioration mentale et morale des masses, tout en ne semblant satisfaire que leurs besoins de curiosité. Toute action basse ou cruelle dont il sert le récit à ses lecteurs forme à mesure l'âme de ceux-ci, sans qu'ils en aient conscience. Oui, toute veillée où se lit la gazette en famille est une communion morale, imparfaite, cahotante, avec des pertes et des scories, mais finalement profitable. D'un mot le fait divers flétrit la mauvaise action dont il raconte les détails : telle mère qui bat comme plâtre ses enfants fait involontairement un retour inaperçu d'elle-même sur sa mauvaise action au récit de telle gueuse arrêtée pour avoir martyrisé ses petits. Croyez bien que ce n'est pas seulement l'arrestation qui frappe son esprit, mais aussi la réprobation dont le journaliste marque d'un mot cette mauvaise mère. Non, certes, elle ne sera pas corrigée du coup; peut-être ne le sera-t-elle jamais; mais elle aura légué son émotion fugitive à ceux qui naîtront d'elle, et ils ne battront pas leurs enfants.

Ne prenez pas cela pour une nouvelle digression; je vais à mon but par les voies qui me semblent les meilleures. Si j'ai insisté sur le rôle moral du journalisme en un moment où la presse est immorale ouvertement et où elle est peu estimée de la littérature, ce n'est pas sans raison. Il ne faut pas espérer que les moyens de notre amélioration soient jamais parfaits; tels qu'ils sont, il les faut employer aux tâches utiles et belles. Oui, tel journal vend son opinion à tous les ministères; mais il rachète cette ignominie par la publication de telle œuvre qui augmentera la richesse émotive de notre race et lui donnera des sentiments nouveaux. Tel autre a vidé par ses réclames effrontées vingt mille bas de laine ; mais les mérites de son plus humble reporter, payé d'un morceau de pain, rachètent son crime en semant la sainte pitié sur les masses encore endurcies.

Ce qui est vraiment risible, c'est l'hostilité méprisante des littérateurs à l'égard de la feuille volante. Pour eux, la pensée et la forme qui ne s'empoussièrent pas en compacts in-douze n'existent pas, donnassent-elles en de saisissants raccourcis la sensation de la vie elle-même surprise en ses diverses attitudes. Ce préjugé a gagné une portion notable du public intelligent, et le vieux journaliste touche-à-tout d'une magistrale ignorance est un type convenu dont on ne s'est pas donné la peine de noter l'évolution en un Protée agile, compréhensif, ouvert à toute idée, voire à toute utopie, qui sait mettre le bien penser et le bien dire à la portée de tous. Et, ainsi, sans qu'on s'en soit douté, le journal est devenu le livre des foules. Bien des tares le souillent encore, bien des pauvretés mentales et parfois morales s'y étalent, mais le goût se forme et s'épure, et, ma foi, si un jour prochain le journal tue le livre, du diable si je plaindrai même les éditeurs.

Mais non : le livre, ce noble format, ne

périra pas. Il lui sera seulement réservé des tâches plus rares. Les choses de science et de pensée, qui seront un jour réunies, se partageront le livre avec les œuvres de littérature éprouvées par vingt reproductions de journal et que l'humanité tiendra à sauver des vieux papiers. A cela encore aura servi le journal, ce crible qui préservera nos neveux de l'étouffement sous la paperasse qu'accumulent en ce moment des professionnels incessamment multipliés. Et que ceux-ci ne se plaignent pas de leur lot : le meilleur d'eux-mêmes restera dans le cerveau collectif; un bon article lu par cent mille ouvriers est plus utile aux fins sociales qu'un mauvais roman chipoté du bout des yeux par cinq cents oisifs.

Ceci nous ramène à la littérature. Son désarroi, son éparpillement, ses tâtonnements désespérés sans pouvoir sortir du roman où trois ou quatre ouvriers exceptionnels la tiennent enfermée, tout cela vous a frappé comme moi ; murée dans sa spécialisation, elle languit et tente vainement de varier ses formes. Je ne parle pas des poètes : ils sont acculés et éculés : les fleurs, les oiseaux, l'âme, le paysage de terre et de mer, l'aspiration vers l'inconnu, la femme, Dieu, le vide, tout cela est fini, et les pauvres diables se battent les flancs, ne sachant autre chose. Cette débâcle vient à son heure. Le rythme, l'assonance, la rime, tout cela se trouve aux premiers balbutiements de l'humanité où les batailles, les théogonies, les préceptes de morale et d'agriculture devaient se graver dans les mémoires, seules tablettes que connurent nos préhistoriques ancêtres. Encore aujourd'hui l'enfant, ce raccourci de nos étapes mentales, retient cent vers de La Fontaine contre vingt lignes de grammaire ou d'histoire. Véritablement, du jour où l'écriture est apparue, le rythme est devenu un luxe.

Oui, oui, j'entends ici les défenseurs du vers. Les descriptions des magies de la nature, les splendides et inexactes reconstitutions du passé, les lassitudes de l'âme, les cris de la douleur, les appels de la passion amoureuse trouveront toujours des interprètes. Soit. Mais qu'on cesse de les tenir pour les guides spirituels des foules, puisque, surtout, ils se refusent à sentir la puissante poésie des choses modernes.

Je dois vous sembler quelque brutal utilitaire qui, tenant les lettres pour un art oiseux ou en ignorant les beautés suprêmes, les méprise. Vous savez bien que je ne suis pas tel, mais je voudrais tant que vous en vinssiez à ne demander à la littérature que ce qu'elle peut donner, c'est-à-dire des satisfactions esthétiques. Jadis, tout fut littérature : Philosophie, histoire, récits de combats, religion, voyages, éloquence, théâtre. Il n'en est plus de même à présent, et une spécialisation s'est imposée dans les matières d'écriture comme dans les autres. La littérature, aujourd'hui, c'est à proprement parler les belles-lettres, c'est-à-dire le conservatoire du langage et la délectation des esprits. C'est pourquoi la querelle des partisans de l'art pour l'art et des partisans de l'art social me semble une futile et sotte querelle. Il n'est pas un roman qui ne soit social, s'il prétend reproduire les mœurs. Il n'est pas un poème qui ne soit social, s'il prétend exprimer un sentiment ou une douleur. Il n'est pas une comédie qui ne soit sociale, si elle prétend bafouer un vice. Et si le roman ne dit pas nos mœurs, si le poème ne chante pas nos rêves, si la comédie ne raille pas nos travers, ils n'existent pas.

Le malheur est que nos littérateurs ont une éducation purement littéraire, ce qui limite singulièrement leur champ d'études. Ils sont tous les produits identiques de l'Université et, sauf quelques rares laborieux, ils s'en tiennent à ce qu'on leur a appris au lycée. Si bien qu'ils sont moins universels que les grands écrivains de jadis et par ainsi sont inaptes à connaître l'homme moderne et à en fixer tous les traits, toutes les attitudes, toutes les pensées.

De là à crier à l'impuissance du roman, il n'y avait pas loin. Et l'on a vu s'égailler des légions de jeunes écrivains à la recherche de nouvelles formes littéraires. D'autres, incapables de labourer le sol de l'observation humaine, encore en friche malgré les puissants labeurs des Balzac et des Zola, ont imaginé de réformer la langue elle-même. La masse subit l'influence et un moment la littérature menaça de devenir un stérile exercice de lexicologues délirants. Les chercheurs du cadre et les chercheurs de la phrase se sont rencontrés, et ça nous a fait une jolie mêlée. L'ultra-mysticisme s'est marié aux interprétations erronées d'une science qui se cherche encore, et des artistes ont cru trouver dans la bizarrerie du sujet et de la forme une issue; ils n'ont fait que choir en un cul-de-sac, car seule la nature avec ses réalités est inépuisable. Je n'y insiste pas, car vous avez senti autant que moi l'inanité de ces jeux d'esprit.

Les badauds en ont ri, et vous en avez été attristé. Vous avez déploré l'influence des peintres et des musiciens sur les jeunes littérateurs un long temps acharnés à donner, par les mots assemblés, des impressions de couleur ou d'harmonie sans se soucier de ce qu'un tel ouvrage dirait à l'esprit. Car c'est à l'esprit qu'il faut que s'adresse le littérateur, et non aux sens. L'œuvre littéraire doit y aller droit et sans aucun intermédiaire, là est sa supériorité sur les autres œuvres d'art. Moi aussi, parbleu ! j'ai ri de cette folie ; je me suis amusé de ces bégaiements d'où toute pensée était absente de parti-pris et je me suis remémoré l'étudiant limosin de Rabelais. Tandis que je m'en ébaudissais à distance, vous mordiez à ce fruit vert, que vous avez craché, lui trouvant un goût de gâté. Nous avions tort tous deux de blâmer ces essais informes, car ils avaient leur raison d'être et ils ont eu leur utilité. A mesure que la mentalité générale se développe, il faut qu'elle ait à sa disposition un magasin de termes adéquats pour exprimer ses nouveaux modes. Sans le savoir, ceux dont nous moquions ou déplorions les travaux, forgeaient ou exhumaient des mots et des tours de phrase dont se serviront avec joie les écrivains de demain. Si vous voulez mieux me comprendre, prenez tel livre que vous voudrez parmi les contemporains et retranchez-en tous les mots et toutes les tournures qui ne sont pas dans Voltaire. Si vous en laissez une page intacte, mettez que j'ai eu tort et envoyons à Charenton la moitié de notre jeunesse littéraire.

Tout de même, on a donné à la forme une importance excessive, et l'écrivain d'aujourd'hui a mille peines à se garder d'une préciosité puérile et pédante qui est dans tous les encriers, au bout de toutes les plumes. Le souci de l'écriture comme on jargonne aujourd'hui, est venu attester que nos littérateurs ont plus de mots que de pensées. A présent, le « que » est proscrit des phrases élégantes; ce malheureux « que » qui fourmille dans Pascal et dans Bossuet est pourchassé impitoyablement par ceux qu'alarment deux « de » que sépare un seul mot. Et malheur à qui n'habille pas ses phrases à la mode.

On le tue net en déclarant qu'il ne sait pas écrire. Pédantasses, va! Est-ce que vos « de » et vos « que » retranchés tiennent devant ceci : la traduction en une autre langue? Voilà le vrai criterium. Transcrivez Manon Lescaut en n'importe quel patois, cela fera pleurer. Essayez donc de traduire vos musiques de mots et de phrases en anglais, et vous verrez ce qu'il en restera. Un feuilletonniste à un sou vous damera alors le pion, et ce sera justice.

C'est vouloir limiter l'âme moderne que lui donner des moyens d'expression tellement spéciaux qu'elle soit arrêtée aux frontières naturelles que forment les langues des peuples. On en vient ainsi à créer dans son propre pays de menues provinces intellectuelles au-delà desquelles on n'est plus entendu, et l'on se croit très supérieur parce qu'on ne s'adresse qu'à un public restreint. Quelle misère !

Il est vrai que les mêmes prétendus aristocrates du verbe sont en même temps travaillés par un besoin d'exotisme dont se corrige le mal qu'ils pourraient faire. Car c'est en vain qu'on tenterait d'échapper à la pénétration des lettres étrangères. Nous en avons autant besoin et elles s'imposent aussi sûrement qu'à nos consommateurs les aciers anglais, les bois scandinaves et les blés russes. O la belle mêlée de pensées et de mots et comme les écrivains patriotes se sentent envahis, tout en envahissant les voisins, tous se dépouillant et nous enrichissant. Tel russe nous apporte du rêve inédit, tel norvégien nous casse un préjugé sur la tête et tel yankee nous dote de nouvelles terreurs qui se résoudront en affinement de sensibilité cérébrale. Et nous jetons à tous de la clarté, de la méthode, de la mesure — et du rire.

Savez-vous votre tort, qui est celui de presque toute la jeunesse cultivée de ce temps ? C'est d'avoir trop demandé à l'art et à la littérature. Au lieu de faire de l'art l'ornement de la vie sociale, vous en avez voulu faire l'aliment de la vie intime. Ainsi de la littérature. Oui, mon cher, vous avez agi comme ces naïves couturières qui rêvent au prince Rodolphe et comme ces prostituées qui soupirent après la réhabilitation de Fleur-de-Marie Vous avez vu la vie par la littérature et la nature par la peinture. Vous vous êtes ainsi créé un monde artificiel et je ne m'étonne pas que la lassitude et le dégoût vous soient venus. Laissez, laissez aux simples de trouver dans le roman leur bible oubliée, laissez aux oisifs de chercher dans l'art des sensations inédites et des satisfactions de curiosités maladives, et prenez la littérature pour un département très spécial, mais très nécessaire, de la pensée écrite. N'y puisez ni votre science ni vos règles de vie, et vous pourrez goûter de très belles joies à ces nobles jeux de l'esprit.

Surtout, que le souvenir des chefs-d'œuvre du passé ne vous gâte pas ces joies. Sachez les estimer à leur valeur : ils sont le trésor des âges disparus et le meilleur en est passé dans les œuvres de l'âge actuel. Considérez-les seulement comme l'expression la plus parfaite du temps et du milieu qui les produisit, ne les tenez pas pour éternels, car tout passe, et voyez en eux des documents plus propres à nous faire connaître l'âme du passé qu'à former l'âme présente. Votre ami.

FERRALS.

XI

INTERMÈDE

NOUS SOMMES LES REFLETS DE SON AME D'HIER, ET L'AME DE DEMAIN NOUS ÉLIMINE

La scène se passe aux lieux que la Pensée crée et que la Pensée dissipe.

JÉHOVAH.

Approche, heureux coquin, et viens troubler l'ineffable repos où tous ici nous nous abîmons splendidement. Que j'ai de joie à te revoir, et combien et souvent j'ai maudit les Forces qui, jadis, d'indispensables complémentaires nous firent ennemis après nous avoir séparés, puis opposés. Viens, mon frère, viens récréer ma vieille âme. Ne crains point tant la contagion de mon inutile mansuétude que je ne désire du sel de ta malice relever nos mornes béatitudes, hélas ! infinies comme la mort....

SATAN.

Il est bien temps, vraiment, que tu voies enfin quel rôle de dupe nous avons joué. Vois dans quel état de décrépitude je suis. Nous semblons deux vieux paysans qui radotent leurs souvenirs au coin d'un feu de veuve. Stupidement, nous avons été les formidables murailles latérales auxquelles est venu se heurter — combien de siècles ! — l'imbrisable crâne humain en un incessant mouvement de pendule.

JÉHOVAH.

Oui, tu sais les choses... Tu les as toujours sues mieux que moi.

SATAN.

Belle avance ! Je suis aussi lézardé que toi, et nous croulons ensemble. Le crâne humain s'est élargi, il tient presque tout l'espace qui béait entre nous deux. Encore un peu, et ses oscillations cesseront, et l'Homme sera dieu.

JÉHOVAH.

Le malheureux! S'il en était ainsi, je le plaindrais... Quoi! il saurait tout, pourrait tout!

SATAN.

Il sait déjà plus que moi, peut déjà plus que toi.

JÉHOVAH.

N'abuse pas un vieillard impotent que tous ici dédaignent de tenir au courant des choses. Ta moquerie lui serait moins sensible que leur injurieux mépris, mais gâterait le plaisir qu'il prend à te revoir.

SATAN.

Rassure-toi; il est bien fini le temps où je venais tendre mes filets aux pieds de ton trône. Les fils de Job et les neveux de Faust, je perdrais ma peine à te les disputer, et nous chicanerions pour une noix vide.

JÉHOVAH.

Ainsi cet effacement des splendeurs, ce vide des immensités ne sont pas en moi, en l'abandon où me laisse l'adoration d'un dieu plus jeune tiré par moi des flancs d'une femme, mais dans notre retour commun au néant ?

SATAN.

L'Esprit parle par ta bouche.

JÉHOVAH.

C'est impossible. L'univers aurait-il, en quelques siècles, quelques instants ! oublié que je suis le maître du tonnerre !

SATAN.

Ta foudre, les fils de Prométhée l'ont conquise ; plus docile et plus rapide que la colombe de Noé, elle porte leur pensée à travers les océans.

JÉHOVAH.

Que ne l'ai-je épuisée à détruire cette race impie ! Pourquoi l'ai-je laissée aux mains débonnairement complices d'un Homme déifié ?

SATAN.

Vaine doléance. Ton fils accomplissait la Loi. Et sa mère, qui le remplace, est, l'ignores-tu ? plus humaine encore que lui. Que veux-tu ! C'est la fatalité de ce que les Hommes, pénétrant enfin nos plus intimes ressorts, appellent l'Évolution. Je fus l'atroce tyran qui régna par l'ombre et par les terreurs qu'elle recèle. Après avoir eu des autels à Carthage, où j'engloutissais dans mes entrailles de bronze rougi au feu la fleur des générations, il me faut contenter des hommages de nègres hébétés que me dispute ton fils. Tu régnas sur les aubes encore pâles des horreurs nocturnes, car ta victoire sur moi fut, on le sait, l'usurpation d'un cadet chassant du trône son aîné. Tu mélangeas d'amour, sentiment humain, la crainte, sentiment divin, et duras moins que moi. Je personnifiai alors la révolte contre toi, et l'on m'imputa également les primitifs, ramenés à mon culte obscur par leurs atavismes, et les précurseurs des temps. Je me tus, et pour cause. J'étais aussi innocent des uns que des autres. Je ne suis pas plus le mal que tu n'es le bien. Nous sommes des moments écoulés, et voilà tout.

JÉHOVAH.

Tu me trompes, esprit de mensonge. Jamais l'encens n'a tant fumé sur les autels, où mon fils et sa mère ont pris ma place. Eux, c'est encore moi, et le monde n'a pas cessé de trembler au souvenir des prodiges par où je me manifestai. Les miracles de ma puissance font toujours son émerveillement...

SATAN.

Quels miracles ?

JÉHOVAH, *hésitant.*

Lourdes, par exemple...

SATAN, *dédaigneux.*

Charcot fait mieux à sa clinique.

JÉHOVAH.

Mon fils ressuscita des morts.

SATAN.

C'est les sages de l'Orient qui lui enseignèrent le procédé, qu'ils possèdent encore. Aucun d'eux, cependant, n'a vécu deux vies d'homme.

JÉHOVAH.

Je séparai en deux la mer Rouge.

SATAN.

L'Homme l'a réunie à la mer intérieure.

JÉHOVAH.

Je fis bondir les collines comme des chevreaux.

SATAN.

Il a créé d'énormes serpents de fer et de feu qui percent les monts et sortent de leurs flancs avec plus de rapidité qu'un cheval emporté.

JÉHOVAH.

Mon fils a sauvé tous les hommes.

SATAN.

L'Homme s'est découvert des frères que ton fils ignorait.

JÉHOVAH.

Je fus le dieu des armées et ma droite faucha des bataillons.

SATAN.

En cela même, l'Homme te dépasse et sa puissance de destruction légitime et prouve son aspiration à la divinité. Il fait reculer la guerre devant sa propre abomination, tant il en a perfectionné les instruments.

JÉHOVAH.

Je promis le ciel aux bons et menaçai de l'enfer les méchants.

SATAN.

Il dissipe l'ignorance, source de méchanceté, et travaille à donner à tous, entends-tu ? à tous, la terre devenue un paradis.

JÉHOVAH.

Je suis l'âme de tout.

SATAN.

Il dit que nous sommes les reflets de son âme d'hier, et l'âme de demain nous élimine.

JÉHOVAH.

Soit. Il tient la terre, mais j'ai les cieux.

SATAN.

Chaque jour il t'en arrache un pan, que ses astronomes explorent, que ses géomètres mesurent et que ses physiciens pèsent.

JÉHOVAH.

Il ne possède pas l'infini !

SATAN.

Et nous ?

Silence. Ruminant leurs souvenirs, ils crachottent doucement sur les cendres d'une étoile en train de s'éteindre.

XII

AMES D'HIER ET D'AUJOURD'HUI

I

ALLONS FAIRE LA NOCE

Ferrals a bourré sa pipe familière, son poêle de fonte ronfle, sa table chargée de papiers et de livres empilés ouverts l'attend sous la lampe de métal avec, sur un coin à peine déblayé d'une poussée brusque qui a fait autour un fouillis de feuilles, une tasse de café et un verre pansu d'eau-de-vie. Un bon réduit pour travailler : les murs sont littéralement tapissés de livres. On sent là un bon parfum de labeur. Ferrals rôde en traînant les savates ; son œil, deviné sous le béret rabattu, guette l'idée qui se précise et prendra forme tout à l'heure. Pataud, un grand épagneul noir à la truffe en canon de fusil à deux coups appuyée sur ses pattes de devant, ronfle avec le poêle qu'il garde étroitement. Aucun bruit ne monte du dehors en ce logement taillé dans les combles du château des brouillards, sur l'autre versant de Montmartre; la rue est loin, et d'ailleurs déserte.

Un pas a fait crier le sable gelé du jardin. Pataud a du coup cessé de ronfler. Le pas se rapproche. Pataud ouvre ses yeux jaunes. Le pas résonne dans l'escalier. Pataud, sans bouger, gronde. Ferrals, alors, entend et, du geste calmant le chien à présent debout, il sort de son réduit et s'en va, maussade, ouvrir la porte, la lampe à la main.

— Camille! s'écrie, joyeux, Ferrals reconnaissant le visiteur.

— Oui, moi, arrivé ce soir à Paris et venu aussitôt vous voir, dit Camille en suivant son ami dans le cabinet de travail.

Ils s'étreignent silencieusement les mains. La face de Ferrals se tend en une interrogation sur cette arrivée brusque.

— Je suis en fuite, fait Camille avec un sourire triste.

Il se dévêt d'une vaste fourrure que Pataud vient flairer d'un air inquiet:

— En fuite! dit Ferrals stupéfait.

— Oui, en fuite, appuie le jeune homme en s'asseyant. Je vous dirai cela... mais vous travailliez...

— Travailler! Quand celui dont je rêve de faire mon œuvre maîtresse est là! Quand il vient peut-être...

— Oui, vantons-le, votre ouvrage... Vous m'avez rejeté aux batailles de la pensée, et c'est pour fuir une bataille de la vie que je suis accouru ici.

— C'est devant une femme que vous fuyez, dit Ferrals.

— Qui vous a dit?

— Quel autre accident de la vie de relation pourrait vous troubler? Votre fortune est solide, vous n'êtes ni dans les affaires ni dans la politique... Seule, une femme...

— C'est vrai.

— Vous êtes aimé et vous ne voulez pas aimer; vous sentez à l'extrême tout ce que l'amour a de passager et combien longues en sont les conséquences; vous fuyez des lendemains faits d'ennui stupide ou de crises féroces. Est-ce cela?

— C'est cela même.

— Votre cas est celui de toute la jeunesse pensante de ce temps. Demain lui gâte aujourd'hui. Vous êtes une victime de l'analyse. Allons faire la noce.

— Vous dites ? s'écrie Camille stupéfait.

— Je dis, répète Ferrals en dépouillant son tricot de laine, allons voir des femmes.

Et il disparaît dans sa chambre à coucher, plantant là Camille que ce propos imprévu a suffoqué. A mesure que ses esprits reviennent, il discerne, dans la chambre où est Ferrals, une tempête dans une cuvette, puis un bruit de bottines sonnant sur le parquet. L'écrivain reparaît bientôt, nouant sa cravate. Le nœud est fait avant que Camille ait pu se reprendre.

Ferrals voit sa mine perplexe à la fois et répugnée; il éclate d'un rire fort.

— Me prenez-vous pour une brute ? dit Camille extrêmement choqué.

— Croyez-vous que j'en sois une autre ? réplique Ferrals avec une telle noblesse de ton que Camille, ne sachant que répondre et que penser, se résout à suivre son ami dans la nuit tandis que Pataud se rendort auprès du poêle.

II

L'ANALYSE DE DEMAIN NOUS TUE LA JOIE D'AUJOURD'HUI

— Entrons ici, dit Ferrals en tournant le bouton d'une porte vitrée et poussant son compagnon au milieu d'un nuage de fumée qui le prend aux yeux et à la gorge.

L'établissement se compose de deux petites salles séparées par une demi-cloison de bois ajouré. Autant de tableaux sur les murs que de livres dans le cabinet de Ferrals. N'étaient les tables de marbre chargées de consommations, l'attitude des consommateurs et la fumée, on se croirait dans la galerie d'un amateur riche et intelligent, mais passionné pour un seul maître.

Chaque table forme un groupe, hommes et femmes mêlés ; les hommes, disputeurs, les femmes, chuchotantes et, par instant, rigoleuses bruyamment. Au piano, dans la seconde salle, un petit râpé gras et blême joue du Wagner ; à deux pas de lui un beau gars blond et rose dit en mélopée un poème sans détacher les yeux de son manuscrit. Un peu plus loin surgit d'une dispute ce cri :

— Je te dis que Zola est une buse, pas intellectuel pour deux sous !

La même voix reprend plus calme, comme donnant à la fois une explication et une excuse :

— D'ailleurs, il n'a jamais su écrire.

Une très grosse femme à face bestiale de maquerelle s'écroule sur le parleur et graillonne :

— Moi, il me dégoûte ; on ne devrait pas permettre d'écrire des saletés pareilles.

Lui, vexé, hausse les épaules.

— Je ne parle pas de ça.

— Mais j'en parle, moi ; j'ai bien le droit de donner mon avis, moi !

— Oui, Nana, t'as raison, ma fille ! fait, moqueur, un voisin de table.

Ferrals et Camille ont pris place non loin du groupe.

— Cette vieille, dit Ferrals à son ami, a mis de côté quinze mille francs de rentes en faisant le haut trottoir. Très bourgeoise, la seule concession qu'elle accorde à son passé, c'est de venir tous les soirs s'enfermer ici avec des artistes et des écrivains de brasserie, des cabotines et des entretenues de Montmartre. Elle sustente en ce moment l'adversaire de Zola, un rude gaillard qui tombera tous les maîtres, quand il daignera écrire son roman.

— Pourquoi m'avoir traîné ici ? dit Camille. Ce sont pour moi choses vues et revues. Je connais toute cette penaille de faux artistes et de vraies prostituées, et j'ai bu au fond de tous les bocks de jadis les écœurantes théories qui se braillent à toutes les tables de cette salle où seuls les murs sont intéressants. Il y a donc des laborieux dans cette tourbe ? achève-t-il en admirant quelques paysages parisiens d'imprécise grisaille, savante et prenante.

— Il y en avait un. Il n'a travaillé que pour la maison. On l'a enterré hier. La patronne, une maline, le payait en consommations et en nourriture... Mais nous ne sommes pas venus pour cela. Où est donc Marthe ?

— Qui appelez-vous ainsi ?

— Une femme, une honnête femme. Ses yeux sont pleins de visions d'art et son front n'abrite que de nobles pensées.

— Et elle vient ici, dans ce sabbat !

— C'est une pauvre coureuse de cachet que l'horreur de la solitude y amène tous les soirs, faute de mieux et crainte de pis. On est tout de même plus près de l'esprit ici que dans les familles où elle vend du piano à l'heure et à la tâche... Mais la voici.

Une jeune femme vient d'entrer ; elle va droit à la table des deux amis. Son allure est vive et décidée, ni hommasse ni fillasse. A la voir propre et correcte, de beauté régulière et de regard calme, on la prendrait pour la caissière affairée mais ordonnée d'une maison de commerce.

— Je ne comptais pas vous voir ce soir, dit-elle en échangeant une brève poignée de mains avec Ferrals et répondant d'un court salut de tête à l'inclinaison respectueuse de Camille.

— Je ne devais non plus venir, répond l'écrivain. Mais mon ami Camille me tombe de Cannes, une plaie d'amour au flanc, et nous avons commencé la cure aussitôt... Oh ! ne vous méprenez pas ; il ne s'agit ici d'aucune des maladies banales que prétendent traiter les psychopathes des revues riches : il aime, il est aimé, mais il a peur de s'engager ; il redoute les lendemains, ces horribles lendemains où l'amour mort au cœur du moins constant empoisonne l'autre, comme la pestilence d'un cadavre de forçat fait mourir de dégoût et d'horreur le survivant enchaîné.

— Et c'est vous qu'il a choisi.

— Oui, moi.

— Pourquoi ne m'avez-vous pas guérie, alors, vous qui n'aviez qu'un mot à dire?

— Un mensonge à proférer, ou une promesse impossible à tenir. Vous le savez, j'ai tenté la promesse, à tout risque. Pourquoi ne m'avoir pas pris au mot? Vous me savez honnête homme.

— Vous parjurer ou souffrir! Une honte ou une douleur! Et vous me reprochez de vous avoir épargné cela!

— Eh! chère ennemie, osé-je te blâmer de chercher l'absolu! Ton sexe vit par l'amour. Tout émancipé que soit ton esprit, tu restes femme par le très haut prix que tu donnes aux choses amoureuses et aux règles idéales ou sociales qui disciplinent les amants... Tenez, mon cher Camille, je vois à votre air que vous ne comprenez rien à nos propos. Voici notre cas : J'aime Marthe, et elle m'aime. Mais, en dépit de mon amour et de tout raisonnement, je me sens incapable de tenir un serment de fidélité, à moins d'un sacrifice qui, créant la concupiscence à l'état permanent, créerait, en même temps qu'une forme cérébrale de la trahison, une obsession dont s'emplirait mon cerveau à l'exclusion de toute pensée ; et je tomberais rapidement, je le sens, je me connais ! en une répugnante et criminelle érotomanie. Oui, positivement, je finirais devant les tribunaux pour un viol de petite fille, moi ! moi qui ai le saint respect de l'enfance et le culte respectueusement attendri des âmes en fleur. Déjà certains rêves d'horrible volupté sénile m'ont effrayé et averti. De qui donc est-ce que je viens, et quel ancêtre pervers a mis de son sang de bouc en mes veines !... L'atavisme est toujours une menace. Et je sens qu'avoir une seule femme équivaudrait pour moi à la continence absolue. Si j'avais été prêtre ou marié jeune au village, je serais déjà au bagne... Voyez quelle misère est la mienne : Il s'est trouvé sur mon chemin un être accompli, qui a l'honnêteté de l'homme et la tendresse de la femme. Elle est belle autant qu'intelligente, elle a la grâce et la bonté, nos âmes communient ensemble, nos cœurs brûlent de battre l'un contre l'autre et nos corps aspirent à se rapprocher et s'unir. Eh bien ! par son admirable entêtement, sa folie de sagesse, nous souffrons à distance et, ménage platonique, nous ne nous voyons que pour nous disputer. J'en viens à me demander si sa vertu qui l'empêche d'accepter autre chose que l'absolu en amour n'est pas une monstruosité. Vous êtes le premier à qui j'aie osé crier mon mal, tant j'ai la conviction que, divulgué, il me rendrait ridicule. Concevez-vous cela : Un homme épris, épris pour la vie, vous entendez ! qui ne peut faire et tenir le serment de garder son corps ainsi qu'il est assuré de garder son âme à celle qu'il aime !... Que te fait ma sale guenille, sotte, triple sotte qui souffres et me fais souffrir ! Dire qu'il n'y a peut-être dans Paris qu'une femme comme elle et qu'un homme comme moi, et que nous nous sommes rencontrés pour nous heurter, pour nous broyer....

Camille serre fortement la main de son ami.

— Et moi qui croyais souffrir, balbutie-t-il.

— Il y a des moments où j'ai envie d'en finir, dit Marthe d'une voix basse et pénétrée. Je me reproche amèrement cette souffrance que je vous inflige, bien malgré moi, et parfois j'arrive ici avec le propos d'en sortir à votre bras et de vous suivre. Dans ces moments-là, j'accepte les rivales d'une heure, toutes charnelles, que me donnerait votre inconstance physique, certaine de garder de vous le meilleur. Mais, alors, me revient à la pensée cette phrase de vous, qui, d'un éclair, m'a fait voir des abîmes : « La prostituée est la compagne naturelle du penseur ». Oh ! je ne l'ai pas pris en mauvaise part, ce cri de sincérité, et je vous remercie de m'en avoir infligé la douleur, comme un fer rouge. Il ne m'a pas guérie, mais il vous a presque justifié. Et pourtant vous m'aimez. Intervertissons les rôles, voulez-vous ! Supposez que la fidélité charnelle vous soit possible, et à moi non. Pourriez-vous m'aimer ?

— Peut-être, mais je m'en mépriserais, avoue Ferrals avec son ordinaire franchise.

— Voilà une parole qui montre quel cas on doit faire de votre belle théorie socialiste de l'égalité des sexes, dit Marthe avec une ironie contrainte.

— Oui, je parais contradictoire aux yeux de qui ne connaît pas mes pensées. Mais vous ne devriez pas me faire ce reproche, vous qui m'en justifiez si complètement.

— Je ne comprends pas.

— Eh! par votre exclusivisme sentimental, vous dont le cerveau cependant est d'un homme, ne montrez-vous pas que vous mettez au-dessus de tout les choses d'amour. Peu vous importe d'avoir mon estime intellectuelle, au point que j'ai pu rêver tout haut devant vous l'envolement simultané de nos esprits vers les sommets. Peu vous importe même d'être la seule aimée, si la fidélité purement physiologique ne doit pas vous être gardée. En vous, l'amoureuse l'emporte sur l'amie. Vous pourriez être Juliette, vous vous résigneriez facilement à être l'Héloïse du Paraclet; mais vous ne voulez pas être ma compagne. C'est beaucoup d'honneur que vous faites à vos malheureuses rivales. Mais, ma pauvre amie, vous seriez incapable d'être au premier peintre venu, à moins qu'il ne consentît à vous avoir comme unique modèle.

— C'est cela, fait Marthe les larmes aux cils, traitez-moi de philistine, de sale bourgeoise.

— Non. C'est moi qui me traite d'imbécile, avec ma stupide sincérité. Je vous ai trop estimée pour m'abaisser au mensonge ordinaire. J'ai mon salaire. Merci.

— Oui, c'est une de vos thèses. La femme

vit surtout de la vie sexuelle, et vous vous reprochez de m'avoir crue plus intellectualisée que les autres. Et vous vous grandissez de toute la distance que vous mettez entre vous et moi. Raisonnons donc, puisqu'avec vous tout doit se raisonner, les mouvements les plus spontanés du cœur comme les pudeurs les plus intimes. D'ailleurs, je m'estime assez pour vous parler en homme de ces choses, c'est-à-dire de tout autre manière qu'en devisaient les belles dames des cours d'amour de jadis.

Elle ajoute avec un faux rire, douloureux :

— Les pauvres pécores auraient été bien stupéfaites si un trouvère leur avait posé notre problème... Donc, pour vous, l'amour est une occupation absorbante que peuvent se permettre les ouvriers, les commis, les banquiers et les artistes. Il y a si loin d'un cerveau de femme à un cerveau de penseur, que celui-ci ne peut que perdre à cette fréquentation constante, à cette infiltration d'une pensée inférieure ; ou bien il doit se résigner à ne donner à sa compagne que la portion la plus insignifiante de son « moi ».

Elle s'arrête et, s'adressant à Camille, reprend :

— Vous voyez, monsieur, que la haute pensée est incompatible avec la bonté, puisque le cœur ne peut être le trait d'union. Un penseur n'a pas le temps d'être bon ; il faut laisser cela aux petits esprits. Cependant les besoins physiques sont là, et aussi, oh ! très légèrement, les sentimentaux. Irons-nous aux femmes de notre milieu social ? Toutes bourgeoises, et avec cela piquées de la manie de raisonner des demi-savantes. Elles ont une opinion toute faite sur chaque chose, et quelle opinion ! Je passe mes journées dans ce monde là, et c'est pour m'en décrasser que je viens tous les soirs dans cette infâme tabagie. Je comprends bien que notre homme ne porte pas là son peu de cœur. Alors, il cherchera parmi les simples, celles qui ne pensent pas et ne sont bonnes qu'à la cuisine et au lit. Comme nous sommes honnête et que d'ailleurs nous avons des instincts de confortable, nous laissons là l'ouvrière, et nous allons à la prostituée.

— Vous avez assez exactement rendu ma pensée, et on peut en démêler les véritables lignes à travers votre traduction hostile, dit Ferrals avec un calme apparent.

Puis se tournant vers Camille :

— Eh bien ! qu'en dites-vous ?

— Vous êtes tous deux plus malades que moi, répond le jeune homme, profondément ému. Oui, ajoute-t-il, notre mal vient de prévoir ; vous l'avez dit : l'analyse de demain nous tue la joie d'aujourd'hui.

— Et, dit amèrement Marthe, notre mal vient aussi de penser en homme de demain tout en agissant en homme d'aujourd'hui... Où allez-vous ? reprend-elle en voyant Ferrals appeler le garçon pour payer la dépense.

— Nous allons, répond-il, dans des endroits où ne vont point les honnêtes femmes.

La face de Marthe prend une expression de martyre.

— Emmenez-moi, fait-elle doucement.

— Soit. De voir que toutes les femmes sont pareilles, cela corrigera votre orgueil...

III

JE TOLÈRE SA VERTU, PARCE QU'ELLE RESSEMBLE FURIEUSEMENT A MES VICES

Peu d'hommes encore dans la grande salle aux ors criards accentués par les crudités blanches de la lumière électrique. La clientèle ne viendra que tout à l'heure, après la sortie des spectacles. Des femmes en toilettes voyantes et mal portées entrent en coup de vent, font le tour des tables et sortent après quelques bonjours criés à de rares amies affalées sur les divans, devant un verre vide. Les garçons font la causette à tu et à toi avec des gars bien mis, trop bien mis, dont les regards mobiles semblent accoutumés aux guets nocturnes. Des chiens de femmes rôdent, se flairent mutuellement avec des terriers de marlous, et tous vont à tour de rôle compisser quelque pied de table sur laquelle s'ébauche une réussite, seule ressource de la fille contre l'ennui des attentes professionnelles.

— Nous sommes venus un peu tôt, dit Ferrals en entrant.

Il guide ses compagnons vers une table de coin d'où l'on voit tout l'établissement.

Entre une belle juive de dix-huit ans à peine, simple et proprette, un panier de fleurs au bras gauche, des branches de mimosas plein les mains. Les gars bien mis la reluquent, allumés de convoitise.

— Quelle bonne travailleuse ça ferait ! s'écrie l'un d'eux, en connaisseur.

Elle échappe par des torsions de danseuse aux pattes poilues annelées d'or qui veulent lui patiner le corsage.

— Eh bien ! Sarah, toujours pas d'amoureux ? dit Ferrals en lui prenant quelques brins de l'odorante fleurette d'hiver.

— C'est pas ce que je vois ici qui m'en donnerait l'envie, repond en riant la belle juive. Les messieurs sont encore plus dégoûtants que ceux-là, ajoute-t-elle en désignant d'un mouvement de tête les louches individus, groupés à présent autour d'un journal de sport dont ils discutent les renseignements pour la course du lendemain.

— Tu sais, Sarah, fait en passant un bout de femme mince et plate en veston de drap, coiffée à l'enfant sous un feutre sans ornements, tu sais si tu n'aimes pas les hommes...

La bouquetière comprend l'odieuse invite. Du haut de sa belle structure de femme pour de vrai, elle toise l'avorton aux allures de collégien déguisé, et sourit de pitié.

— Est-elle bête ! murmure-t-elle. Moi, si je faisais la vie, je n'aurais pas de vices... A trente ans, je me retirerais avec de l'argent. C'est ce que je dis toujours aux nouvelles.

— Eh bien, ma chère enfant, réplique Ferrals, faites la vie, comme vous dites. Qui vous retient ?

— Oh ! rien. Mais ce n'est pas mon goût. J'aime mieux vendre mes fleurs jusqu'à trois heures du matin... Mon Dieu ! celles qui font le métier, je ne les méprise pas. Je les trouve bêtes et stupides, seulement, de gaspiller ce qu'elles gagnent et de s'embarrasser d'un homme qui les gruge. Elles fument, elles se soûlent, elles crèvent de faim la moitié du temps ; et, par là-dessus, des coups. Tenez, regardez celle-là, qui entre, avec son poche-œil. Moi, je n'en veux pas aux hommes de leur prendre leur argent et de les arranger comme ça... C'est des malins, que je vous dis. Tant pis pour les imbéciles.

— Bonjour, Ferrals, fait une voix grasse et enrouée. Vous écoutez Sarah vous exposer ses théories sur la prostitution, qu'elle veut décente et bourgeoise... Bécasse ! tu ne vendrais plus pour un sou de fleurs, si elles t'écoutaient; et ta mère, une forte femme selon l'Ecriture, ne gagnerait plus de quoi nourrir tes quatorze petits frères et sœurs, elle qui vend à crédit des robes aux femmes et au comptant des femmes aux hommes... Va-t'en, honnête fille, tu me dégoûtes moi-même, et pourtant...

Point choquée, la belle juive tend au survenant une branche de mimosa, avec un sourire de marchande.

— Achetez-moi quelque chose, monsieur Lirotte.

Démonté par ce sang-froid, Lirotte paie ses fleurs et s'assied en pouffant à côté de Ferrals.

Lirotte est un grand maigre, tout en os, aux épaules carrées ; dans le fouillis long des cheveux et de la barbe luisent de petits yeux d'ivrogne et un nez que vermillonne un hideux eczéma. Il a l'air à la foi digne et cynique, canaille et bon enfant d'un Anglais qui avouerait ses vices.

— Eh bien, stercoraire, quel scandale, aujourd'hui ? interroge Ferrals.

— Mon cher, du nanan... Garçon, un demi, bien tiré !... Imaginez-vous : un ministre pincé par la police dans une maison de rendez-vous de la rue de Rome. Son Excellence était en compagnie d'une apprentie de quatorze à quinze ans... Ce que le commissaire a fait un nez en reconnaissant le personnage !... Bonne aubaine pour le papa de la petite... Pour moi aussi : j'en ai tiré deux cent lignes à cinq sous. Cent vingt lignes de récit au poivre et quatre-vingts de morale au vinaigre. Vous voyez bien que la vertu ne vaut pas le vice, puisque mon chef de reportage aurait fait des coupures dans ma copie si j'avais poussé la morale jusqu'à cent lignes. D'ailleurs, la morale n'est pas mon fort, et sans les adjectifs je n'eusse pas dépassé soixante lignes.

— Est-il authentique, au moins, votre scandale ? demande Camille.

— Le fait est vrai, répond le journaliste. Pour le ministre, je ne suis pas bien sûr que ce soit lui... Bah ! il en est capable, comme nous tous, d'ailleurs... Et puis, je ne l'ai pas nommé.

Camille considère avec stupeur le répugnant personnage. Marthe, moins capable de se contenir, l'interpelle d'une voix où vibre son émotion.

— Est-ce bien honnête, cela, monsieur ?

— L'honnêteté, madame, c'est pour tout le monde de payer quelquefois ses dettes, afin de pouvoir en faire de nouvelles ; pour un journaliste, c'est de raconter des choses intéressantes à ses lecteurs, vraies ou fausses, il n'importe ; vraisemblables toujours. Celui qui apporterait un serpent de mer au journal, fût-il authentique, n'y remettrait pas les pieds le lendemain.

— Est-ce vrai, Ferrals? dit Camille.

Ferrals rougit légèrement pour l'honneur d'une profession dont il vit et où il apporte sa probité organique.

— Ferrals ne me démentira pas, reprend Lirotte, lui qui pourrait gagner mille louis par an s'il était un peu plus... journaliste. Vous êtes un serin, mon cher, avec vos principes. Il faut faire la part du métier et servir les gens de leur plat. Croyez-vous qu'ils liront, demain, mes quatre-vingts lignes de morale? Ils iront droit aux ordures du ministre : chacun d'eux s'en délectera en son particulier et tous s'en indigneront publiquement; c'est alors que leur serviront mes adjectifs. Les socialistes, pour qui, comme vous, j'ai un faible assez prononcé, crieront dans leurs meetings, à la pourriture bourgeoise et fulmineront des ordres du jour demandant « à ce que » justice soit faite de ceux qui corrompent les filles du peuple. Comme si jamais le « bourgeois » avait l'étrenne de la petite ouvrière!

— A vous entendre, monsieur, reprend Marthe, personne ne serait honnête.

— Ma chère dame, vous me paraissez avoir une préoccupation toute spéciale de l'honnêteté. Si vous y tenez absolument, je vous dirai que pour moi tout le monde est honnête. Ainsi, par exemple, vous me paraissez devoir être classée dans la catégorie des honnêtes absolus, plus sévères pour eux-mêmes que la loi et même les convenances. Mais vous devez avoir comme les autres votre tréfond de canaillerie. Vienne l'occasion et vous verrez comme ça montera vite à la surface, et comme vous vous étonnerez vous-même. Il suffit pour cela d'un rien : une fièvre typhoïde, par exemple. A côté de ces impeccables, dont vous êtes si fière d'être, il y a les honnêtes avec le code. Enfin, il y a ceux qui ne s'inquiètent des règles que pour les violer sans être pris. A ceux-ci va toute mon estime, jusqu'à la chute inclusivement, car j'ai à ma manière le respect du malheur.

Lirotte s'arrête et désigne de la main un groupe de femmes assises sur le même divan que Camille et Marthe.

— Regardez-moi ça, je vous prie.

Devant les femmes se tient debout un bambin d'une dizaine d'années occupé à déballer tout en bavardant une botte de parfumerie. Pour les décider à acheter, il agace les clientes, qui rient de ses propos vicieux. A l'une, même, il passe une houppe de poudre de riz sur le visage.

— J'ai envie de me le payer ! s'écrie une de ces inconscientes femelles.

— Non, pas vous ! riposte le petit drôle. J'aime mieux elle.

S'adressant à celle qu'il a désignée, il zézaie comme un amoureux en tête-à-tête.

— Veux-tu que je vous fasse les lèvres.

Tandis que la grosse brute rit aux éclats, il a tiré de sa boutique un crayon rouge. Elle redevient sérieuse alors, et écrasant son épais corsage sur le marbre elle tend ses lèvres au bambin qui, soudain, y plante un baiser d'homme et se recule en se garant d'un soufflet qui ne vient pas. Les voyant toutes rire, il s'esclaffe aussi et attend. Enthousiasmées, elles vident à moitié la botte du petit mercanti qui s'éloigne après avoir soigneusement compté son argent.

— Bravo, le gosse ! s'écrie Lirotte.

— Pauvre enfant, murmure Marthe.

Lirotte la regarde avec un étonnement narquois. Cette honnête femme qui vient passer son temps dans une brasserie de nuit le déconcerte et l'amuse. Pourquoi ne prend-elle pas le ton du lieu, si elle est une simple curieuse? Et si elle fait profession de vertu, que ne coiffe-t-elle le bac à charbon de la salutiste ou la cornette de la religieuse ?

— Vous avez une maladie de morale, ma petite dame, dit-il. Si je pouvais m'intéresser à qui n'est pas moi, je vous conseillerais de soigner ça. Mais j'ai pour principe de laisser chacun s'amuser à sa guise. Supposez tous les vices, — et, sans vous offenser, les vertueux ont en cette matière une imagination merveilleuse, — eh bien, je les ai ou les aurai. C'est ma vertu, à moi, parce que c'est mon plaisir. Tout ce qui l'augmente m'est bon, et vos grimaces de dégoût ne me font pas honte. Vous ririez, n'est-ce pas? au nez d'une dévote qui manifesterait son mépris pour votre ami Ferrals, incroyant par principes solidement déduits. Eh bien, moi, je ris de votre mépris, dévote de la morale convenue que vous vous êtes fabriquée et qui est à peine plus large, plus humaine, que celle du vulgaire. Ce que vous appelez ordure m'est régal. Demandez à Ferrals si je me vante, lui qui, par un calembour de philosophe en goguette, m'a nommé l'Ilote et me tolère auprès de lui pour juger combien ce qu'il appelle ses progrès moraux met à chacune de nos rencontres de distance entre nous. Pour moi, je tolère sa vertu parce qu'elle ressemble furieusement à mes vices en ses contradictions, et que cela me réjouit de me sentir plus logique que lui.

— Vous avez, dit Camille, réglé votre existence selon des principes...

— Oui, interrompt avec pétulance Marthe. Monsieur est un utilitaire sensualiste du XVIIIe siècle, un élève attardé de Lamettrie.

D'un long regard de côté, Lirotte coupe net la parole à la jeune pédante qui se mord les lèvres d'avoir si malencontreusement étalé son savoir.

— Tiens, vous faites des conférences ! Laissez donc cela aux laides, mon enfant, fait-il d'un ton d'écrasante moquerie.

Il reprend, après avoir bu un large coup de bière :

— Des principes, moi ! Ah ! fichtre, non. Je sais trop ce qu'ils valent. Ce n'est pas que je ne pusse justifier mes plaisirs d'une manière un peu moins primitive que vous ne supposez. Même cette antique manière me suffirait, si j'en éprouvais le besoin, et je suppose qu'elle vaudrait encore mieux que le prétendu nouveau procédé de ce jeune finaud qui prétend faire pivoter le monde moral autour de son « moi » cultivé dans le jardin de Petite-Secousse. Le compère, une fine plume et voilà tout, ne regarde d'ailleurs pas plus que moi à la provenance de l'engrais ni ne s'inquiète des plantes frêles qu'il étouffe pour prendre sa part d'humus et de soleil. Et c'est pour ça qu'il se déclare l'ennemi des lois. Moi, du moins, j'ai l'honnêteté ou plutôt l'absence d'hypocrisie de ne pas mettre mes actes en théories. Je ne prêche pas, je ne cherche pas à convertir. D'abord, parce que je me contrefiche d'autrui et n'éprouve nullement le besoin de le mystifier ou de le guider ; ensuite, parce que si tout le monde vivait comme moi je ne pourrais plus trouver mes satisfactions.

— On ne peut, dit Marthe, avouer une plus complète absence de sens moral.

— Je demande tout à mes six sens physiques, et je n'éprouve nullement le besoin d'un septième sens, purement idéal. Vous me traitez d'infirme. Soit ; moi, je remercie la nature, qui m'a ainsi épargné bien des tourments. J'ai la chance de n'être pas un imbécile, et ma carcasse est robuste. Je connais le code de l'hygiène; je puis donc goûter toutes les joies sans remords cérébral ni gastrique. Pour assurer l'équilibre, je sais juste autant de manières de gagner de l'argent que d'en dépenser, plus heureux en cela que Panurge, moi, fils d'une démocratie qui a mis la jouissance à la portée de toutes les bourses et celles-ci à la portée de ceux qui ont plus de besoins que de scrupules. La vertu de mes contemporains me profite, je fais les besognes qu'ils dédaignent. Leurs tares mêmes, je les mets à contribution.

— Allons donc! s'écrie Camille pour le faire parler, car le drôle à présent l'intéresse. Vous vous vantez. J'en ai connu beaucoup de ces fanfarons d'ignominie.

— Je me vante, dites-vous! Eh bien, tenez, pas plus tard qu'avant-hier, un de mes amis, rédacteur financier d'un journal très connu, est venu m'ennuyer de ses doléances. Je l'ai écouté parce qu'il y a toujours quelque chose à tirer des gens qui viennent vous demander de leur rendre service. Mon homme marie sa fille à un ingénieur, le rêve! Mais il n'a pas le premier sou de la noce, et il veut faire proprement les choses. Je l'ai mené chez un banquier sorti la veille de prison et tout prêt à recommencer ses affaires à l'abri d'un prête-nom. Nous trouvons notre client déjà installé dans ses bureaux, occupé à corriger les épreuves d'un prospectus mûri sur la paille de la Santé. Nous lui proposons tout net six actions d'un journal à créer. Tout d'abord il regimbe. Doucement, je lui fais comprendre que dans sa situation il aura besoin d'être défendu contre certains aigrefins très au courant de ses malheurs, et que nous, ses vrais amis, (ici je joue du journal de mon compère, un journal très lu), nous serions là. Je n'avais jamais vu le sire et il ne savait mon nom que depuis cinq minutes, mais l'amitié va vite, en affaires. Blême de rage, il a rognonné quelques jurons en allemand et nous a jeté nos trois billets de mille. Avec ma part, j'ai la matérielle assurée pour un mois ; et mon brave camarade pourra dignement marier sa fille dans le génie civil.

— Continuez, l'Ilote, dit Ferrals.

— Oui, avec ces quinze cents francs j'ai de quoi vivre, c'est-à-dire jouir tout un mois ; car je sais le prix exact de chaque plaisir. La vie n'est coûteuse qu'aux vaniteux imbéciles qui s'amusent à amuser les autres ou aux hommes de finance qui ont besoin d'afficher du luxe pour inspirer confiance à la clientèle.

Il rit, souffle, avale d'un coup une pinte de bière, puis:

— Vous voyez, reprend-il triomphant, vous voyez qu'à un gaillard comme moi il ne faut pas s'aviser de parler des fins morales de l'humanité. L'humanité, c'est moi. Vous aurez beau me dire que des générations ont peiné et pensé pour m'améliorer, je m'en moque, car je sais que ce sont des mots où se pipent des naïfs à la Ferrals. Les bons, les chastes, les sages, les clairvoyants sont malheureux. Ils travaillent au bonheur de mes pareils, et nous ne leur devons rien, pas même un merci tout sec. Sans nous, en effet, ils ne seraient pas. Leur tourment, qu'ils aiment, est fait de notre joie, que nous aimons. Mais pour nous pas de déception, tandis que quand ils sont allés au fond des choses et qu'ils ont constaté le néant de tout ce qui n'est pas le plaisir des sens... Il est trop tard alors, pour refaire leur vie: ils ont l'âge et les infirmités de Faust, et Méphistophélès vient s'accroupir sur leur poitrine en leurs nuits d'insomnie pour leur souffler des regrets plus cuisants que des remords... Moi, je déterrerais mon père et je vendrais ses os pour coucher avec une belle fille... Aussi quand je crèverai...

— Bonsoir, Lirotte, fait une douce voix au timbre brisé.

IV

UNE BICHE ÉGARÉE DANS UN PACAGE NORMAND

— Tiens ! c'est toi, ma pauvre Chiffon, dit Lirotte, sans se retourner. Assieds-toi et prends quelque chose avec nous.

La survenante détache d'un geste mou l'agrafe de sa rotonde fourrée et se laisse aller, très lasse, sur une chaise. Sa mince et blême figure de pauvresse est l'image de la fatigue morne, incurable ; ses yeux pâles semblent contempler une désolation intérieure.

— Quand je crèverai, reprend le cynique, je n'aurai pas plus à regretter qu'on n'aura à me regretter.

— Voulez-vous bien ne pas dire de pareilles choses ! s'écrie Chiffon avec une vivacité qui fait se retourner Lirotte tout d'une pièce.

Brutalement, il éclate de rire à la face de sa voisine.

— Oui, mam'zelle du sentiment. Eh bien, si le cœur t'en dit, tu me feras dire une messe et tu porteras sur ma charogne des bêtes de fleurs en pot. On me prendra, en passant, pour l'amant défunt d'une culottière et l'on rêvera de la mansarde où pleure la pauvrette en tirant l'aiguille.

— Vous faites-vous assez méchant, murmure la pauvre fille.

Et s'adressant à Ferrals :

— Dirait-on que cet homme-là a passé deux nuits à me veiller, le mois passé, alors que ma mère ne serait pas venue m'apporter un verre d'eau !

— Qu'est-ce que ça prouve ? riposte Lirotte. Si je t'avais crue perdue, du diantre si j'aurais traversé le palier pour faire le garde-malade... Rien pour rien, voilà ma règle. En sauvant ta peau, qui me plaît, je me suis conservé un plaisir... Tu me changes des autres, toi ; tu n'es ni sotte, ni grossière... Oui, mon cher Ferrals, elle a même des lettres... N'est-ce pas, Chiffon, que nous avons notre brevet supérieur !... C'est une vraie joie de vivre en ce temps-ci. Les normales et les lycées de filles nous confectionnent des belles de nuit qui savent occuper les entr'actes de l'oreiller... Parbleu ! ce n'est pas pour leur agrément qu'elles font le métier. Celle-ci par exemple, n'a pas la vocation pour un sou. Mais je vous demande ce que ça peut fiche au client. Quand une ménagère achète des écrevisses, elle ne leur demande pas si c'est leur goût d'être plongées vives dans l'eau bouillante après avoir été mutilées... Puisque je tiens un cas assez curieux, quoique peu rare, je ne veux pas le lâcher. Tu permets, petite ?

D'un mouvement de ses fuyantes épaules, Chiffon semble acquiescer. Lirotte poursuit, en étendant le bras vers elle :

— Ceci vous représente une femme de tempérament, comme toutes les chétives aux yeux pâles et troubles. Eh bien, malgré ce tempérament, auquel elle cède jusqu'à se tuer, elle a l'horreur de sa profession. Il reste en elle des bribes de conscience dont j'ai essayé de la purger dans son intérêt ; mais c'est dans le sang, elle a reçu ce qu'on appelle une bonne éducation. Mariée, elle eût fait cocu son conjoint, cela est certain ; mais avec des remords à inonder un confessionnal trois fois par semaine. Ils sont presque tous ainsi, les produits de cette petite bourgeoisie naguère si fortement serrée en familles compactes. Elle a gardé de cette hérédité de désastreuses délicatesses physiques et morales... Voyez quelle différence avec les hardies et superbes femelles qui grouillent ici. Celles-là viennent presque toutes de la campagne. On sent la bouse mal lavée sous leur vinaigre de toilette. Elles présentent la vigoureuse inconscience des vaches qu'elles ont gardées et auxquelles, en donnant leur lait aux petits de la ville, elles ont succédé. Elles vivent de la belle vie animale, la pudeur leur est une contrainte, et ce qui peut rester en elles de moralité relative s'est heureusement résolu en une sentimentalité de frottement qui les fait tout de même bonnes filles... Mon pauvre petit Chiffon, sais-tu de quoi tu as l'air ici ? D'une biche égarée dans un pacage normand.

— Vous m'ennuyez, dit Chiffon en toussant. Si je me suis égarée ici, c'est la misère qui m'a pourchassée. J'aurais pu aussi bien me jeter à l'eau... Est-ce qu'on sait comment se fait une destinée, et pourquoi nous tombons d'un côté plutôt que d'un autre...

Ici, un silence triste, que Lirotte rompt d'un éclat de rire. Outrant le cynisme pour cacher son émotion, il dit :

— Franchement, une telle fille vaut cinq louis la nuitée, ou je ne m'y connais pas.

— Avez-vous fini de faire le montreur de curiosités, geint la fille, gênée par la pitié qu'elle lit dans les yeux de Camille.

— Pas encore, puisque je ne t'ai point montrée tout entière telle que je te connais. Madame et messieurs, ce délicat animal est tout pétri de sentiment, qu'il traduit à sa manière et selon son tempérament. Imaginez-vous que cette brave Chiffon est comme qui dirait une sœur de charité de l'amour. Comme aux camarades, il lui arrive certains soirs de revenir bredouille de la chasse à l'homme. Eh bien, jamais, pourtant, elle ne rentre seule chez elle. Ces jours-là, elle cesse la quête à cinq cents pas de son logis, j'entends la quête pour le pain. Cette limite franchie, elle s'offre au premier passant qu'elle devine à jeun d'amour faute d'argent ; elle l'emmène et le régale de son corps, magnifiquement. Est-ce vrai, Chiffon ?

— Est-ce que je fais mal ? murmure la pauvrette, rougissante comme une vierge.

— Qui te parle de ça ? Tu es comme tu es, et voilà tout. Il y a des vieilles filles qui ramassent des chiens crottés et des chats galeux. Elles ne font ni bien ni mal, elles non plus : elles se satisfont. Tu prends ton plaisir à faire plaisir ; que chacun se serve à son goût, la sagesse est là. Et vous croyez qu'elle choisira ses pauvres ! Ah ! bien, ouiche ! le premier venu est bon. Que de fois j'ai vu sortir de son lit, le matin, d'ignobles marmiteux dont l'asile de nuit n'avait pas voulu. Même des vieux ! Elle est adorablement dégoûtante. Et c'est pour ça que je t'aime, ma fille, autant que Lirotte peut aimer. Tu aurais fait entrer chez toi, comme Marie-Magdeleine, ce va-nu-pieds de Jésus-Christ, tu l'aurais fêté de ton joli corps ardent, mais pas suivi jusqu'au Calvaire. Que peut faire d'un cadavre en effet une fille amoureuse. Un bossu en rut vaut mieux que le plus beau garçon de la terre glacé par la mort.

— Vous vous trompez, Lirotte ; j'ai suivi un de mes amants d'une nuit jusqu'au calvaire.

Lirotte ricane :

— Alors, c'est que l'agonie n'a pas été longue.

Sans répondre, Chiffon reprend :

— C'est un des souvenirs les plus tristes et les meilleurs de mon existence, et je ne puis me le rappeler sans un frisson de douleur et aussi de fierté.

Les traits de la malheureuse ont pris une expression de noblesse mélancolique qui jette Marthe hors de sa froideur un peu méprisante.

— Parlez, mademoiselle ; dites-nous, ma sœur, si ce n'est pas un secret, comment vous avez, une fois en votre vie, communié par la douleur et par la fierté avec les plus belles âmes. Ma vanité de femme vertueuse a besoin de cette leçon. Me la refuserez-vous ? s'écrie-t-elle en pressant doucement dans sa main celle de la pécheresse.

Comme celle-ci semble hésiter, Ferrals se méprend.

— Vous craignez, dit-il, que l'Ilote ne se moque de vous.

Lirotte proteste d'un geste. Pourtant Chiffon se tait toujours. Soudain, elle se résout à parler, après un grand effort intérieur.

— Je viens d'avoir un mouvement d'orgueil vraiment stupide, inouï, fait-elle avec son sourire triste. En gardant comme un prêtre le secret de la confession, j'usurperais le sacerdoce. Oui, ce serait avilir le sacrement de pénitence que d'en faire la dépositaire une femme telle que moi, disons le mot : une fille publique. Aussi, puis-je sans sacrilège, je le dois même afin que cesse la profanation, dire la confession dernière du pauvre Juste Séveran, que vous avez peut-être connu.

— Juste Séveran ! s'écrie Camille.

— Le grand écrivain catholique, l'incomparable polémiste, mort de faim, ajoute Lirotte.

— Lui-même, affirme la fille. J'ai reçu ses dernières paroles et son dernier soupir. Je ne suis guère pratiquante, mais je le supplie tous les jours de porter ma prière à Dieu, et ne veux d'autre intercesseur au paradis que ce saint.

Elle se recueille comme en une oraison mentale et reprend :

« Lirotte vous a dit quelles sont mes misérables habitudes. Une nuit que je rentrais seule, j'hospitalisai ce grand garçon pâle et rude, qui me suivit sans dire mot dès ma première invite. Il paraissait distrait et, il faut bien le dire, m'accompagna machinalement. Je lui avais dit de venir, il venait. Il aurait obéi ainsi au sergent de ville qui l'eût conduit au poste pour vagabondage.

— « Maigre fête, me disais-je, si le bonhomme n'est pas plus actif que bavard... » Pardon, je reproduis mes pensées comme elles me vinrent alors... Quand il fut couché à mon côté, il prit enfin garde que j'étais là. Il me considéra avec surprise; sa face sévère s'adoucit, s'attrista. M'attirant à lui, il me baisa le front. Puis ce fut un flot de paroles graves, émues, émouvantes, dans lesquelles passait sa tendre pitié fraternelle pour les esclaves du vice et de la misère. Je vous jure que j'en oubliais que j'étais à demi nue entre les bras d'un homme, tant sa voix et ce qu'elle disait remuait de choses en moi. Nous passâmes toute la nuit ainsi : lui, à me fondre le cœur au feu de son amour chrétien ; moi, à pleurer avec délices. Il partit au jour. Que de fois, depuis, je pensai à lui. Un jour la poste m'apporte un billet : « Je suis très « malade. Je suis seul. Venez me voir. Juste « Séveran » Bien qu'il ne m'eût pas dit son nom, je ne doutai pas que ce fût l'étrange amoureux qui m'avait tenue si chastement toute une nuit dans ses bras. A l'adresse indiquée au bas du billet, je trouve, dans une abominable et puante mansarde, le pauvre garçon agonisant. « Je savais que vous viendriez, » me dit-il. Je me récrie sur la misère du logis ; pas de feu, pas de tisane, pas de linge. Je veux m'affairer. Il m'arrête. « Je n'ai « plus besoin de cela, me dit-il. C'est pour « autre chose que je vous ai demandée. » Et de sa belle et douce voix qui faisait un si curieux contraste avec sa dure face tourmentée, il me dit : « L'Église, que j'ai défendue « comme un fidèle chien de garde, m'a affamé. « Elle ne pouvait me pardonner de la vouloir « ramener à la pureté primitive. Son aveu- « glement est une épreuve qu'elle supporte, « mais elle est indestructible. Les marchands « sont encore pour quelques jours installés, « non plus sur le parvis, mais à l'autel. On « prétend que je ne suis pas orthodoxe, moi « qui connais les Pères comme toute une « faculté de théologie... Pardon, Seigneur, « pour ce mouvement de vanité, à l'instant « où je vais comparaître devant vous !... De « temps en temps, on daignait me démuseler, « et comme alors je mordais les gallicans, « les athées et les juifs ! Mais toujours des « influences intervenaient ; je frappais trop « largement et mes coups à la volée attei-

« gnaient les tièdes qui se compromettent en « mauvaise compagnie ; et l'on me remettait « le bâillon... A présent, c'est la fin... Ils n'ont « plus rien à craindre de moi. Je leur ai juré « que j'allais mourir. Eh bien, ils m'ont refusé « à moi, le plus dévoué des fils de la sainte « Église romaine, ils m'ont refusé la dernière « consolation. Ils m'ont refusé un prêtre. Ces « mauvais chrétiens oublient dans leur haine « qu'un acte de contrition suffit à sauver de « la damnation. Mais je veux que mes péchés « soient avoués et c'est à vous, ma sœur, que « j'ai songé. Bayard mourant se confessa à « son écuyer. Nous sommes deux vaincus de « l'atroce civilisation marchande ; c'est à vous, « servante d'amour, que je veux faire ma con- « fession de chevalier sans peur, mais non « sans reproche, de la sainte religion où nous « sommes nés tous deux. »

« Comme je sanglotais accroupie près de lui, il me caressa doucement la tête et me dit :

— « Ne pleure pas ; si tu savais comme il « est agréable de mourir. Je t'en prie, laisse- « moi parler, me débarrasser au plus tôt de « la seule amertume qui me gâte la douceur « de la mort. »

« Il fit un grand signe de croix et commença :

— « Ma sœur, sauf le péché d'orgueil, que « notre Père, je crois, excuse comme un effort « pour se rapprocher de sa grandeur, je suis « sans tache par paroles, actions ou omis- « sions. Seule la pensée a péché en moi, « mais elle a péché abominablement, au point « que je sens que la grâce m'a été refusée « puisque je ne pouvais arrêter les dérègle- « ments immondes auxquels je me suis aban- « donné mentalement. Tous les commande- « ments de Dieu et de l'Église, je les ai « scrupuleusement observés, je vous le répète, « et seule ma pensée est coupable. Imagi- « nez tous les crimes, toutes les turpitudes, « toutes les infamies, toutes les lâchetés, « toutes les trahisons ; eh bien, je les ai « commis en pensée. En cette nuit passée « dans vos bras, j'ai joui indignement de vos « larmes innocentes et ma pensée s'est livrée à « plus d'immondes lascivetés que dix débau- « chés n'en eussent pu exécuter en vingt « nuits. Oui, rappelez-vous les affreuses com- « plaisances qu'exigent de vous autres, pros- « tituées, des pourceaux affolés ; ajoutez-y « celles que vous ont racontées vos compa- « gnes, et vous ne serez pas encore au bout « des horreurs que je rêvais, tout en vous

« parlant machinalement de Dieu, de vous, « de tout ce qui vous fit pleurer. C'est à « croire que j'avais deux âmes : une, sur « mes lèvres, toute de candeur, et l'autre, « dans mes infâmes intestins, toute d'ordure. « Pour tout dire, songez, ma sœur très chère, « que j'ai compris et partagé en esprit le for- « midable scrupule de saint Alphonse de « Liguori refusant de lever les yeux sur sa « mère parce qu'elle était femme. Ah ! ma « pensée fut une grande pécheresse, pire que « les plus ordurières prostituées. Mon corps « est sans péché, mais mon âme est cou- « verte de souillures. Mon corps, je l'aurai « laissé ici dans une heure, abandonné à la « pourriture ; tandis que mon âme, comment « osera-t-elle se présenter devant le juge ? « Chargée d'iniquités comme elle l'est, pourra- « t-elle s'élever jusqu'à la demeure céleste « promise aux justes? Et n'eût-il pas mieux « valu que mon corps eût seul péché ? »

« Cette affreuse confession dura une heure. Par scrupule, il entrait dans des détails qui me bouleversaient l'âme d'horreur et me soulevaient le cœur de dégoût. Combien je fus soulagée quand il eut achevé ! Il voulut, il exigea que mes mains impures le bénissent.

En tremblant de terreur religieuse, je lui donnai l'absolution sollicitée. Alors son âme épurée monta à ses yeux et le transfigura. Il passa ainsi. Je tombai à genoux et vénérai ce saint, sans une larme !

« Huit jours durant, j'ai songé à changer d'existence. Mais, je vous l'ai dit, je suis une esclave de mes sens, qui me tueront bientôt. Voyez, je n'ai plus que le souffle... N'importe ! j'aime l'homme... J'ai eu des amants qui voulaient me garder. Plusieurs, même, m'entretinrent très bien, tout à fait bien... Mais il m'était impossible d'être fidèle... Si j'avais eu autre chose entre les doigts que mon inutile brevet, j'aurais travaillé, j'aurais pu vivre indépendante, en me donnant de l'amour à mon caprice, puisqu'il ne m'est pas possible de m'attacher à un seul homme. »

Ferrals lance à Marthe un bref regard qu'elle saisit. Elle frissonne et baisse les yeux. La fille reprend :

— Vous voyez que je ne pouvais prendre une autre voie. Et pourtant, Lirotte vous l'a dit, cela me répugne profondément.

— Il fallait te marier, fait Lirotte.

— Oh ! l'ignoble, s'écrie Chiffon.

Cette fois Marthe prend sa revanche. Ses

yeux clouent à terre ceux de Ferrals. Mais soudain la même pensée leur est venue à tous deux, et Ferrals attache triomphalement son regard sur le front vaincu de son amie.

Celle-ci essaye de discuter sa défaite.

— Quoi ! dit-elle à Chiffon. Pas une affection de cœur ? Vous donnez tout aux sens ?

— Oui, madame, tout ; je ne sais pas ce que c'est qu'aimer, au sens vrai du mot. Je ne me rappelle pas avoir aimé, même à seize ans. Cela me viendra peut-être, et alors je serai très malheureuse, car je sens qu'eussé-je le bonheur d'être à celui que j'aimerai, je ne pourrais m'empêcher de le tromper.

Marthe s'est levée brusquement. La fièvre brûle ses yeux, ses joues, ses lèvres.

— Ferrals, dit-elle, je me sens souffrante. Voulez-vous m'accompagner ?

Ferrals, sans un mot, prend congé de ses compagnons. Camille, en lui prenant la main, lui dit à l'oreille :

— Courage, et vous êtes sauvés tous deux.

— Qui sait ! murmure-t-il.

V

AIMER, SOUFFRIR, SE CONSOLER, RECOMMENCER

Ils vont côte à côte, cherchant machinalement les rues les plus désertes, sans but arrêté. Marchant ensemble, ils se croient tenus de parler, mais le tumulte de leurs pensées les empêche d'entendre ce qu'ils se disent. Le premier, Ferrals interrompt une banalité sur le froid qu'il fait cette nuit-là et dit :

— Causons.

Marthe tressaille comme le soldat au coup de canon qui annonce la bataille. Elle regarde peureusement son compagnon.

— Oui, causons, fait-elle. Il le faut, et cependant...

A la lueur d'un réverbère, elle croit voir sourire Ferrals. Les larmes lui montent aux yeux.

— Je vous en prie, murmure-t-elle. Vous savez pourtant que je ne suis pas lâche et que j'ai du sang-froid d'ordinaire. Au risque que vous abusiez de cet aveu, je ne veux pas vous cacher que je suis faible de pensée en ce moment, très faible. Je sens que j'approuverai tout ce que vous direz, sans discussion, sans examen. Une telle victoire est-elle digne de vous ?

— Pas plus que vous ne mériteriez d'être ainsi surprise, répond Ferrals. Si vous le voulez bien, je vais vous accompagner jusqu'à votre porte. Demain, vous serez plus complètement vous-même ; nous pourrons, plus librement qu'aujourd'hui, aborder l'entretien décisif dont notre repos dépend, et, qui sait ! notre bonheur.

— Merci, dit-elle, en pressant le bras sur lequel elle s'appuie. Je me confie à votre loyauté. Ne retardons pas davantage cette dernière explication. Vous le savez, je ne suis pas une coquette, et de plus je ne souffre pas seulement de vous voir souffrir. Et puis, en ce moment, j'ai besoin de penser tout haut, de vous dire des choses que je ne vous ai jamais dites. Oui, j'ai moi aussi ma confession à faire.

— Vous, une confession, à moi ?

— Ne m'interrogez pas, et surtout ne vous méprenez pas, mon ami. Voulez-vous, dites, voulez-vous me laisser parler seule, à ma guise ? à mon caprice, dirais-je, si je n'étais en réalité contrainte d'exprimer les pensées qui m'obsèdent. Ne répondez qu'à celles que j'exprimerai, sans déviation sur d'autres, qui viendront d'elles-mêmes sur mes lèvres. Si décousues en apparence qu'elles soient, laissez venir à vous mes pensées dans leur ordre obscur ; laissez-moi venir de moi-même à la question qui est entre nous. Si cet obstacle doit disparaître, laissez-le-moi briser toute seule avec le peu de liberté que je me sens encore, afin que je n'aie aucun reproche à vous faire un jour.

— Je vous écoute, dit Ferrals.

Ils font une cinquantaine de pas en silence. Enfin, elle se décide.

— Que pensez-vous de ce Lirotte ? fait-elle brusquement.

— Ce que vous en pensez vous-même ; je le considère comme un tas d'immondices de toute sorte au cœur duquel végéterait une délicate et mourante fleur de sentiment.

— Je hais la manière odieuse dont il parle de tout. Comme un animal malpropre, il salit toutes les idées sur lesquelles il se pose. Je croyais que le respect des idées survivait chez les pires, et je n'eusse pas songé pour cela à les taxer d'hypocrisie.

— C'est en lui un besoin de logique. Que voulez-vous, les simplistes sont forcés de se contenter de peu. Au rebours du délicieux égotiste que vous avez autant que moi été chagrinée de voir traîner dans l'ordure, Lirotte ne combat pas les lois, morales et autres, parce qu'elles gênent l'expansion de l'individu actuel, mais parce qu'il trouve dans ces conventions l'obstacle à ses brutalités. Par sa révolte élégante, l'Ennemi des lois tente de projeter les bons et les intelligents en avant de leur époque ; Lirotte, lui, nous ramènerait aux hommes-pourceaux de jadis, paissant les glandées.

— Dites-moi, ce Juste Séveran, vous l'avez connu ?

— Oui. En sa naïveté d'impression, Chiffon l'a exactement dépeint. Elle n'a point exagéré. Au sens commun du mot, ce fut un saint. Entendons-nous, pourtant ! Comme l'héroïsme dont elle est la forme négative, ou plutôt passive, ou encore comme le génie, qui est l'héroïsme de la pensée, la sainteté est le produit cultivé d'un entêtement involontaire à l'origine. Ce héros farouche et pur du catholicisme mourant a voulu stupidement conformer sa vie à la règle, et il est mort sans s'être repenti de son plus grand péché : l'orgueil. Comme le dit si bien l'excellent et subtil abbé Jérôme Coignard : il faut pécher, ne serait-ce que par humilité chrétienne. Ou, pour parler d'une façon plus moderne : il faut avoir à se faire pardonner pour comprendre la souffrance et la soulager autrement que de la main machinalement active des religieuses exemptes de toute douleur.

— Juste Séveran fut un monstre...

— On appelle ainsi les êtres exceptionnels. Vous conviendrez qu'il n'a été nuisible qu'à lui-même.

— J'en conviens.

— Et qu'il n'a pas été inutile à cette pauvre fille.

— Soit, mais il me fait horreur parce que... parce que j'ai peur de lui ressembler.

— Puisse cette crainte vous épargner ce malheur, et le misérable Juste aura victorieusement prouvé sa raison d'être.

— Oui, comme l'Ilote... Oh ! frissonne-t-elle. J'aimerais mieux être la prostituée qui reçut sa confession abominable.

— Ne voulez-vous donc pas comprendre qu'on peut n'être ni lui ni elle ! riposte Ferrals avec véhémence.

— Être tout le monde, alors. Aimer, souffrir, se consoler et recommencer jusqu'à ce qu'on vieillisse, et collectionner ainsi des souvenirs. Merci bien !

— N'y a-t-il que trois types dans l'humanité aimante ! Et n'y en eût-il que trois, fussiez-vous au plus épais de l'énorme troupeau du milieu qui s'en va à ses destinées et les accepte d'avance, où serait la déchéance ? Quelle folie de vouloir sortir de l'humanité, et par le côté passionnel encore, celui qui nous fait tous le plus semblables ! Ange ou bête, pas de milieu, alors, pour vous ! A quoi vous sert donc votre intelligence si vous n'attendez des leçons que de votre propre expérience et de vos propres douleurs ! Vous avez vu l'ange et vous avez vu la bête. Dans l'ange que fut Juste Séveran, la bête grouillant au fond de son âme vous a épouvantée rien que par ce que vous en a laissé entrevoir le récit atténué de Chiffon. Dans la bête qu'est celle-ci, vous avez vu le vice ingénu, si naturellement organique qu'il en serait innocent comme la nudité d'un enfant, n'étaient les scrupules qu'elle tient de son éducation de petite bourgeoise. A présent, osez dire qui est l'ange, et qui la bête. Ah ! vienne donc le temps béni où nous pourrons nous abandonner sans mésestime aux joies que nous réserve la bonne mère nature. Il y aura alors plus de moralité dans un couple heureux, son bonheur fût-il de cinq minutes, que dans les cinq cent mille ménages mal assortis qui ronflent à cette heure dos à dos et dont l'haleine empoisonne d'hypocrisie l'atmosphère de cette ville.

— Eh ! s'écrie-t-elle avec emportement, si je suis jalouse, si je te veux tout à moi, c'est que je me sens capable de te suffire, de me donner toute à toi : oui, toute. Pour te garder, je saurai être toutes celles que tu désireras. J'aurai la beauté que tu recherches, et saurai la faire aussi diverse que tu pourras le souhaiter. Tu aimes le plaisir, — ô le chétif mot pour une sensation qui donne le frisson à ceux mêmes qui ne la connaissent pas ! — Mois aussi, je l'aime. Son attente m'exaspère chaque nuit et je sens que je puis être à moi seule ce que sont les voluptueuses les plus raffinées et les plus ardentes. Il avait raison, l'obscène déshabilleur de consciences : si tu savais comme nos rêves sont riches d'imaginations... — Tout en étant la maîtresse dont on est fier, l'amante dont on jouit, je serai l'amie qui conseille et console.

— Je tâcherai d'être digne du bonheur que tu m'offres, balbutie Ferrals, brisé d'émotion.

— Je ne te demande rien de plus que cette promesse, répond Marthe, enfin victorieuse.

XIII

CAMILLE A FERRALS

OU DONC EST CELUI QUI VOULAIT GOUVERNER L'HOMME DE DEMAIN?

Cannes, 6 février.

Ferrals candidat ! m'apprennent les journaux. Et je comprends le silence de mon ami. Je le vois occupé aux basses besognes de la brigue électorale. Assurément, je n'aurai de vos nouvelles qu'après le scrutin. Voilà qui s'appelle abandonner la partie au moment de la gagner, et votre élève ne vous fait pas son compliment. Que voulez-vous qu'il devienne, à présent. L'avez-vous élevé si haut pour le laisser dans le vide, suspendu à l'avant-dernier échelon ! Grâce à vous, j'étais revenu de mon dégoût paresseux pour tout ce qui donne un prix à l'existence. Je connaissais enfin les joies de la pensée désormais disciplinée, et je lisais avec d'autres yeux le livre de la nature et de l'humanité. Je m'étais réconcilié avec les savants, car vous m'aviez appris à mettre, de moi-même, dans leurs œuvres cette âme que j'avais désespéré d'y trouver. Je reliais philosophiquement les faits épars et je me formais une conception d'ensemble, presque certainement fausse ou tout au moins erronée, mais du moins satisfaisante pour mon actuel état d'esprit. Et, cela ne vous étonnera pas, puisqu'un tel résultat vous est dû et qu'il ne s'est vraisemblablement point produit à votre insu, je pouvais sans crainte et sans déception retourner aux rêveries des métaphysiciens et même murmurer, en les comprenant cette fois, les oraisons raisonnées des mystiques, découvrant enfin dans les unes comme dans les autres des équivalences scientifiques qui mettaient d'accord mon double besoin de vérité et d'idéalité. Je m'étais réconcilié avec les littérateurs, à qui je ne demandais plus que ce qu'ils pouvaient me donner : la représentation des images et l'écho des pensées qui les font vibrer harmonieusement. J'avais su donner une direction à ma pensée et tirer de la compagnie des hommes tout ce qu'elle comporte d'agréments quand elle est choisie judicieusement et cultivée avec réserve. Enfin, votre glorieux exemple m'avait ramené à celle que je fuyais, et la malicieuse amie qui se penche à cette minute sur mon épaule estime avec un sourire de vanité coquette que votre mérite y fut moins grand que le sien. Je suis bien forcé de la croire quand je contemple sa radieuse beauté, et aussi quand je vous vois mêlé à la bagarre où triomphent les poumons solides et les poings énormes.

Je ne sais pas bien si les gens valent la peine qu'on se donne à les gouverner et d'autre part je suis fermement convaincu que des gens tels que vous et moi n'ont point à s'occuper du régime politique, ni des lois, attendu que nous vivons en dehors et au-dessus de ces choses faites pour le vulgaire; car jamais nous ne tuerons ni ne volerons, ni n'aurons rien à demander au ministère ou à débattre avec ses préfets. Quel intérêt donc vous meut, ou quelle folie vous prend ? Quoi, c'est pour en venir à vous exposer aux huées de la tourbe (populaire ou bourgeoise, c'est tout un) que vous me fîtes au début de cette correspondance une si fière profession de foi. — Où est donc celui qui voulait gouverner l'homme de demain? — Il est, monsieur, dans une réunion publique, dévotement agenouillé devant le brutal *Démos* d'aujourd'hui, fils des esclaves et des serfs d'hier, tyran parvenu, force aveugle déchaînée par des fous et des scélérats.

Vous vous étonnez que je me permette un tel langage, moi qui fus toujours déférent, quoique sincère, et plutôt timide. C'est qu'à vous voir, vous, mon maître, en si humiliante posture, cent mille colères bouillonnent en moi. Je vous en supplie, regardez-vous en face, voyez-vous dans mes yeux qui réfléchissent votre haute et belle personnalité de ces temps derniers. Relisez-vous et, j'ose le dire à présent, relisez-moi. Vous me comprendrez et ne vous reconnaîtrez plus.

Tenez, j'assistais l'été dernier à je ne sais plus quelle fête officielle en plein air. Je crois bien qu'il s'agissait de montrer aux populations l'image en bronze d'un des hommes de carton qui s'imaginent mener le monde, alors qu'ils sont tout bêtement l'expression plus complète et plus affirmée des préjugés et de la sottise de leurs contemporains. Le soleil dardait d'aplomb sur les têtes découvertes par respect pour le gros personnage qui présidait l'apothéose. Et j'imaginais plaisamment que serait décoré, dans ce tas de fonctionnaires, celui qui resterait le plus longtemps tête nue, c'est-à-dire celui qui aurait le crâne le plus épais.

Ne croyez pas que votre qualité de candidat socialiste vous justifie à mes yeux. La politique est la politique, qu'elle crie « vive le roi » ou « vive la Commune », et des gens tels que nous ne doivent point la connaître. Qui dit politique dit tactique, feintes, ruses, mensonges, piéges, toutes pratiques où se diminue la personnalité morale. Et surtout, qui dit politique dit embrigadement et discipline, c'est-à-dire abandon de l'individualité. Vous n'êtes pas le courtisan d'un prince d'ailleurs en exil, et vous vous drapez dans votre fierté républicaine. Vraiment, j'aimerais mieux vous savoir fidèle au malheur, entêté dans une belle et absurde foi monarchique et religieuse, que criant la folle enchère des utopies à la clique souveraine.

A ce triste jeu, vous n'êtes pas de force. Il y a en vous trop de sincérité et trop de dignité. Vous ne saurez pas dire à la foule les choses qui lui agréent et ne voudrez jamais retenir les vérités sévères qui se presseront sur vos lèvres. Le dernier savetier de faubourg ou n'importe quel rebut d'un barreau d'arrondissement vous battra.

Vous avez le respect des convictions d'autrui et vous ne vous croyez pas tenu d'outrager les ruines augustes que le temps a faites. Cette tolérance vous sera imputée à crime. Car, je les connais, vos démagogues.

Jadis, j'en ai fréquenté un. Ah ! le haïssable personnage ! Quoique vivant de ses rentes, il ne cessait de parler de la misère des travailleurs en phrases apprises. Il méprisait ceux qu'on appelle les nihilistes pour leurs sacrifices qu'il déclarait stupides. Quoi ! se vêtir grossièrement, aller épouiller des moujicks ivrognes, vivre en exil une existence chaste et recluse ! — Des mystiques, faisait-il avec une moue. Et ces héros étaient jugés d'un mot. Il était porteur d'une superbe barbe noire, dont il tirait autant vanité que de ses faciles triomphes de meeting. Condamné à quelques mois de prison pour je ne sais quel inoffensif discours, il obtient en qualité de « politique » quelques faveurs pénitentiaires, entre autres celle fort appréciable de ne point endosser l'uniforme du lieu. Le premier dimanche, il refuse d'aller à la messe. Le geôlier en chef, qui entend la morale à sa manière, c'est-à-dire comme un geôlier, se met en tête de l'y faire aller. Ou la messe, ou le régime ordinaire des détenus y compris la tondeuse et le rasoir. Une barbe vaut bien une messe, se dit le tribun après réflexion. Il alla à la messe et garda son ornement. Notez que l'animal ne peut rencontrer un prêtre sans toucher du fer ou un ignorantin sans faire « *croâ ! croâ !* » Il est, je crois, devenu sous-préfet ou administrateur colonial.

Un jour il me conta comme un haut fait, comme une victoire de la libre pensée sur le fanatisme clérical, l'aventure suivante, qui vous montrera que sa délicatesse morale est bien inférieure à sa délicatesse physique. Entré en curieux dans une de ces boutiques à louer des quartiers populeux où les anglicans baragouinent leurs commentaires sur l'Évangile, il sembla prêter une telle attention au sermon que le pasteur, croyant gagner une âme, lui donna comme compagnon de route un jeune catéchiste alsacien. Chemin faisant, celui-ci se raconte. Orphelin, élevé par une société évangélique, il doit faire ce soir son début de conférencier. Dans trois mois, on l'enverra en Afrique prêcher aux noirs la bonne parole. On ne cause point sans boire. Puis, quel Alsacien refusa jamais une chope de bière du pays ! Les chopes suivent les chopes. Notre politicien écoute avec un ricanement intérieur les confidences du futur martyr heureux d'avoir une place point trop mauvaise, tandis que d'autres sans-famille cherchent leur pain et ne le trouvent pas toujours. En Afrique, les missionnaires sont très bien. Ils sont les vrais rois de ces peuplades d'enfants. Et les chopes de succéder aux chopes, tant et si bien que le malheureux garçon se présenta, le soir, abominablement ivre, voulut prononcer quand même son discours, fit tapage et scandale, finalement fut expulsé de la congrégation. Le drôle riait aux larmes en me contant ce bon tour. C'est de ce jour-là que je cessai de le voir.

Celui-là était un démocrate, un radical-socialiste. Ne me parlez pas de ces prétendus amis du peuple, ils ne valent pas mieux que les autres politiciens. Pour être plus grossiers, ils ne sont pas de moins mauvaise foi. Et puisqu'il faut qu'elle soit, je préférerai toujours la scélératesse élégante et polie à la scélératesse grossière et brutale. Pour si semblables qu'ils soient, les vices des raffinés de la civilisation me répugnent moins que les vices instinctifs des barbares.

Croyez-moi, mon cher ami, je ne puise pas mon horreur de la politique dans les journaux mondains. Je sais qu'il faut, au monde organisé tel qu'il est, des administrateurs et des législateurs. Le gouvernement est un mal nécessaire, comme la prostitution. Mais puisque vous avez pris rang dans cette véritable aristocratie qui sait se placer au-dessus des lois, puisque vous êtes de ceux qu'on ne gouverne point, pourquoi vouloir être de ceux qui gouvernent ! Le gouvernant, en démocratie, doit être taillé sur mesure, à l'image de ceux qu'il est censé gouverner et dont en réalité il s'inspire. Nous autres, au contraire, devons professer un respect dédaigneux pour les règlements politiques et administratifs qui, en somme, nous gênent fort peu, et ne nous servent absolument de rien. Si ceux de notre espèce avaient chance de se multiplier au point de devenir un jour l'unanimité, et cette hypothèse doit réjouir un évolutionniste tel que vous, il vaudrait mieux qu'ils se fissent anarchistes.

Ma foi oui, je vous le dis en toute franchise, vous ne m'eussiez choqué ni déconcerté en vous faisant anarchiste. Il y a je ne sais quelle grandeur sauvage, mais séduisante, dans ces pessimistes pratiques. Je les ai un peu fréquentés, jadis, quand ils étaient à la mode. J'en sais qui sont des saints, et d'autres de vulgaires canailles. Il y a parmi eux des savants de génie et de féroces brutes, des héros et des mouchards. Les extrêmes de l'humanité se trouvent là, et point ailleurs. Si vous parvenez à me convaincre comme vous m'avez convaincu sur les autres points, eh bien ! je me ferai anarchiste. Je ne lancerai pas de bombes, parce que je suis de mœurs douces, mais je saurai tout de même me rendre utile. Donc, voilà qui est dit : Si le citoyen Ferrals persévère, qu'il s'attende à trouver en face de lui le compagnon :

CAMILLE.

XIV

FERRALS A CAMILLE

EN MOI, LE RÊVE ABOUTIT A L'ACTION

Paris, 9 février.

Votre belle fureur m'a mis en joie, mon bien cher Camille. Il y a quelques semaines, mon attitude nouvelle vous eût laissé indifférent, avec, à peine, une nuance de mésestime. Votre « cher maître » à qui, ne vous en doutez-vous pas un peu! vous avez beaucoup appris, cet évocateur de l'âme de demain est on ne peut plus satisfait de son expérience. Il vous a fait tirer de vous-même tout ce qu'une coupable lassitude vous avait fait replier comme des vêtements qu'un deuil vous contraint de ne porter de longtemps. Puisque donc vous voici consolé de la mort de vos anciens rêves et que vous vous en êtes créé d'autres dont je me félicite d'avoir été l'heureux accoucheur, je puis bien vous avouer que mon mérite a été fort mince. Peut-être vous fussiez-vous repris de vous-même. Votre retour à l'amour n'est pas autre chose qu'un retour à la santé. Tout ce qu'il y avait à craindre des heureux résultats d'une cure à laquelle votre médecin a plus de part que moi, c'était précisément ce dont vous me menacez, c'est-à-dire de vous faire anarchiste.

A présent, je vous en défie bien, mon bel ami. D'abord parce que vous avez l'horreur des modes littéraires, et que celle-ci n'est même plus portée dans les jeunes clans d'où vous revîntes naguère si dégoûté. L'anarchie et le néo-catholicisme ont cessé de faire les délices des dames pâles et des jeunes gens à longs cheveux. On n'était pas l'un ou l'autre, non. On était à la fois l'un et l'autre. Et, quand on est un convaincu, on finit sa vie au bagne ou dans un cloître. Eux, ont fini dans la littérature de rapport. L'aspect de ces folies vous en eût peut-être préservé.

Mais ce qui vous y eût attiré, c'est l' désarroi de vos idées à l'époque de nos premiers entretiens. Quand on croit, comme vous en étiez persuadé, avoir fait le tour de toutes les idées et de toutes les choses et que par une prédisposition morbide on a été davantage frappé des inconvénients et des laideurs que des avantages et des beautés ; quand, d'autre part, on est vivement impressionné par le spectacle d'une société qui n'assure pas même gîte et nourriture aux meilleurs et plus utiles, on se fait anarchiste et l'on voue à la destruction le bien et le mal, les riches et ceux qui les subissent, les lois et les mœurs, Dieu, le diable, et finalement soi-même.

Si toutefois vous avez des curiosités dans cette direction, n'hésitez pas à les satisfaire. Ne vous arrêtez pas aux apparences grossières de l'envers des choses, car c'est de là qu'est venu votre mal. Abordez franchement l'étude des doctrines anarchistes. Il y a de ce côté des penseurs qui méritent le respect des esprits cultivés. Cette utopie sera pour vos rêves un généreux aliment, le plus agréable dans l'ordre politique pour un contemplatif tel que vous. Soyez tranquille, je vous indique un sentier où vous ne risquez point de rencontrer les traînards de l'anarchie mystico-mondaine.

Daignerai-je à présent me justifier d'être rentré dans la politique ? Oui, mais en peu de mots. J'ai de l'activité à dépenser, et en moi le rêve aboutit à l'action écrite ou vécue, ou plutôt les deux. Dans une bataille sociale où tout le monde est intéressé, pouvais-je rester l'arme au pied ! car, ne vous y trompez pas, mille signes annoncent une subversion totale. Le monde est à l'étroit dans son cadre actuel. Des besoins et des idées travaillent les masses. J'ai voulu voir de près et je me suis convaincu que mon devoir était de prendre rang dans l'un ou l'autre camp.

Issu du petit peuple, ayant déjà tenté de le servir à ma manière autrefois, je fis taire mes préférences et jugeai de sang-froid. Je vis la bourgeoisie voltairienne se faire dévote par crainte du socialisme et tenter de recréer le Gendarme céleste à l'usage de l'ouvrier en rumeur de révolte. Cette hypocrisie me répugna et j'allai plus avant. Faites vous-même ce travail mental dont je vous donne la clé, et pour peu que vous soyez porté à l'action, vous deviendrez socialiste, et socialiste militant. Notre jeunesse pensante y vient, à ces idées. Lasse d'entendre ses sceptiques professeurs d'idéal prêcher une vague formule de religiosisme athée, fatiguée de mettre du bronze autour d'un trou pour fondre un canon qui ne partira jamais, elle lit à présent les philosophes et les économistes du socialisme. Et, vous savez, ce n'est pas une mode, mais un courant. Ma foi, je n'ai pas voulu rester en arrière de mon temps.

Manger est l'unique idéal pour qui ne sait s'il dînera. Je ne vous conteste pas la misère et la bassesse de cet idéal. Mais il faut vous en prendre à ceux qui mangent et boivent la part de leurs frères en humanité. Nous-mêmes, eussions-nous donné trois mois de notre plus cher loisir à une correspondance d'idées qui fut pleine de charme pour moi si vous aviez été sevré de votre aisance et moi de mon nécessaire? Un tonneau put suffire à Diogène et une écuelle lui être superflue. Dans notre civilisation bourgeoise, le cynique serait contraint de consacrer dix-huit heures de sa journée à coller des abat-jour pour gagner une demi-drachme, ce qui est un rude abat-pensées, je puis vous en parler d'expérience. Le vieil ouvrier qui s'est pendu hier à deux pas de mon logis a dû philosopher bien mal au moment de se passer la corde au cou.

Mais pourquoi me justifier ? Il fallait l'inclairvoyance de votre irritation passagère pour vous faire oublier tous mes propos et tous mes actes antérieurs. Nous avons abordé les préoccupations de ce siècle finissant, et en premier lieu j'ai eu le bonheur de vous convaincre de l'intérêt que peut présenter la vie même à ceux qui donnent au rêve le meilleur de leur existence, car c'est la vie qui féconde le rêve et le met à même de la rendre plus tolérable. Dans les espèces organisées il n'y a pas de séparation absolue. Ainsi, en tout contemplatif gît un homme d'action que l'occasion manifestera, et inversement. Un homme tout en cerveau est un monstre aussi improbable qu'un homme tout en bras.

J'en atteste la gracieuse personne qui lira sans doute ceci : L'amour n'est-il pas un des actes essentiels de la vie de relation ! Et si Camille s'est repris à la vie active, comment veut-il que Ferrals, qui ne donne au rêve qu'une part de sa vie, ne se jette pas à corps perdu dans l'action sous toutes les formes accessibles ! Je vous dis cela parce que vous n'avez pas la petitesse d'âme des ignorants et des égoïstes — deux mots pour une seule chose — et que je ne vous fais pas l'injure de croire que ce détachement de tout, dont vous êtes enfin revenu, ait eu une autre cause, qu'une passagère lassitude, amenée par votre mauvaise santé et surtout par votre détestable hygiène mentale d'autrefois.

Vous êtes tombé d'accord avec moi que si les savants sont impuissants à nous donner des idées générales et des règles de conduite, c'est seulement sur les fondations établies par eux que nous pouvons édifier nos pensées et nos actes. Vous avez replacé à leur plan les artistes de lettres et repris goût à leurs efforts agréables. Vous avez renoncé à voir dans la femme un sphinx redoutable et divin ou un joli animal méprisable, et compris qu'elle peut vivre à notre côté, parfois au-dessus de nous, par le cœur ; en attendant que son intelligence, retardée par des siècles de sotte éducation et d'inculture intellectuelle presque absolue, rejoigne la nôtre, et l'affine, et la complète.

En somme, dans ce monde mort à nos yeux, vous ne voyiez que ruines. Vous contemplez à présent une magnifique et durable forêt où périssent lentement de vieux troncs rongés, encore chargés de quelques branches fleuries, et où poussent avec vigueur de jeunes plants pleins de sève, qui se dessécheront quelque jour. Rien ne commence, rien ne finit. L'âme d'un vieillard est mal à l'aise dans un corps de trente ans. Vous avez rajeuni votre âme à mesure que se raffermissait votre corps. Viennent de nouveau les épreuves physiques, je suis rassuré : il y a en votre cerveau assez de vaillance désormais pour conserver intact le meilleur de vous-même.

Par habitude autant que par instinct physiologique, vous demeurerez un contemplatif. Mais, je vous l'ai dit naguère : le rêve est de l'action en puissance. Il faut à notre humanité positive des rêveurs tels que vous. C'est en eux que s'entretient cette flamme d'idéal dont une philosophie vraiment scientifique fera le couronnement de son œuvre. Nous étions des animaux, nous sommes à présent des hommes ; nous deviendrons des dieux, mais il restera toujours en nous de l'animal. Allez rêver à cela, mon ami ; moi, j'y vais travailler.

FERRALS.

XV

AMES D'AUJOURD'HUI ET DE DEMAIN

I

TOUT MAITRE EST UN ESCLAVE

Ainsi que Ferrals l'avait prévu, Camille est retourné au rêve. De son état maladif de naguère, qui fit forcément de lui un isolé, il a gardé la crainte de l'action concertée. Et son expérience lui dit que nul acte solitaire n'est possible. Seule la pensée accepte l'effort de l'homme isolé, d'autant plus hardi qu'il est plus isolé.

Les livres, instruments de la pensée, reprirent donc Camille tout entier. Il cessa de regarder aller le monde par ses propres yeux, et c'est à travers la pensée d'autrui qu'il se remit à observer le perpétuel mouvement et changement des choses et des êtres. La littérature fut le chemin fleuri par où il gravit de nouveaux sommets. Il entra ainsi dans la splendeur de la philosophie nietzschéenne, qui est le piège où se prennent les esprits qui se croient critiques parce qu'ils ont des répugnances et des aversions, et aussi le prétexte où se réfugient ceux qui veulent parer de quelque beauté leur darwinisme férocement unilatéral. Camille tomba dans le piège, et s'y enferma, croyant avoir trouvé sa tour d'ivoire. Il peupla son réduit de tout un monde d'idées forcenées et sèches, brillamment vêtues de rhétorique. Il mit toutes ses facultés d'enthousiasme à ne pas s'enthousiasmer, et il se durcit avec tendresse.

Ayant, dès son retour à la santé, repris de bonnes habitudes d'hygiène physique, il se donnait de fortes joies à se sentir fonctionner harmonieusement comme un bel animal. Il ne craignait plus de se mêler aux foules, dont naguère le contact irritait ses nerfs d'écorché. Cuirassé d'indifférence contre ceux qu'il ne reconnaissait plus pour ses semblables, il coudoyait ces gens, bien résolu à ne pas se laisser pénétrer par eux, ni pour le bien ni pour le mal. Et lorsqu'il détournait ses regards d'une laideur morale ou d'une difformité physique, il cédait au même mouvement qui les lui faisait détourner d'un monceau de détritus, d'une cheminée d'usine ou d'un monument sans caractère, sans plus de hâte qu'il n'en mettait à les réjouir d'un spectacle agréable.

Il avait, en toute innocence et simplicité, payé d'ingratitude la belle amie qui avait été, sinon la cause du moins le signe de sa guérison. Trop fière et surtout trop aimante pour se contenter des témoignages purement physiologiques d'une tendresse d'ailleurs épuisée, elle avait pris l'initiative de la rupture, et s'en était allée souffrir au loin, sans importuner ni réjouir personne de sa détresse. Camille, ne lui en sut nul gré ; il l'estima, même, un peu sotte de n'avoir point su se contenter de ce qui suffit à tant d'autres. Ne pouvait-elle faire du bonheur avec ce qu'il lui laissait : la vie large et de robustes étreintes ! Mais elle voulait son âme, c'est-à-dire lui tout ent'er, et non pas seulement les séduisantes apparences, solides matérialités en somme, dont il payait ses doux services. Son âme, rien que cela ! Mais cela, il ne pouvait, ne voulait, ne devait le donner. Cela, c'était lui-même ; donc, c'était à lui, sans abandon ni partage. Il s'était conquis, il avait délivré son « moi » de tous les préjugés et sentiments qui en faisaient une dépendance de l'univers. De cet univers, il lui fallait bien subir les nécessités et les lois, mais c'était tout ce qu'il lui concédait. Des êtres, de leurs actes et de leurs pensées, il entendait demeurer indépendant, dût-il s'amoindrir en apparence pour échapper à leur emprise.

Grâce au départ de son amie, il n'avait plus à accorder ses goûts à des goûts divergents, ni à incliner ses volontés devant des caprices, si menus et aimables fussent-ils. Certainement il eût pu sans peine imposer ses goûts et plier les caprices à ses volontés. Elle l'aimait jusqu'à la plus complète abdication de soi : elle eût été une écolière docile, un marbre vivant sous la main du sculpteur, une cire fondante entre les doigts qui eussent daigné la pétrir, fût-ce en la broyant.

Mais s'il avait deviné qu'il lui eût été facile de recréer celle qui l'avait élu pour maître, il n'avait pas voulu, ne prétendant pas plus imposer que subir L'individu qui ordonne et commande peut être le maître d'autrui, il n'est plus son propre maître. En étendant son « moi » aux autres, il le disperse et l'amoindrit. Tout maître est l'esclave de ceux qu'il opprime ou dirige. Il met en eux tant de lui-même, qu'il cesse insensiblement d'être un individu libre et autonome. Certes, il acceptait, avec son guide philosophique, que l'immense troupeau des esclaves alimentât le loisir des hommes libres. Mais ceux-ci devaient laisser à d'autres esclaves, aux esclaves de leur propre tyrannie, le soin de diriger le troupeau. C'est la raison pour laquelle il avait depuis des années rompu tous rapports avec Ferrals, et s'était efforcé à faire disparaître toutes les empreintes qu'avait mises en lui son impérieux ami.

Il n'avait pas renoncé à demander aux choses leur raison d'être et de devenir. Mais sa curiosité n'avait d'autre but que de se satisfaire. Peu lui souciait d'exercer une action sur le vaste grouillement humain, considéré par lui comme un champ d'observation pour l'esprit supérieur, et aussi comme le terreau où poussent les fleurs du génie. Il serait lui aussi un esprit supérieur, le plus élevé de tous, puisque le plus isolé et en même temps le plus secret. Tout ce que l'univers contient d'assimilable serait à lui en pensée, et il garderait égoïstement son trésor. Dédaigneux de l'échange, qui enrichit celui qui donne, il se flattait de tout recevoir et de ne rien rendre. Se plaçant à l'extrême gauche du radicalisme de son nouveau maître, il ne lutterait point pour faire connaître les vérités qu'il découvrirait; il ne choquerait personne de sa protestation contre les erreurs, et laisserait paisiblement circuler cette fausse monnaie, se refusant simplement à l'encaisser pour son propre compte. La folie publique lui serait un spectacle, dont il pourrait à son gré détourner les yeux, comme de toutes les autres infractions à l'harmonie, telles que la misère, le vice, la souffrance.

Ainsi Camille s'apprêtait à devenir un surhomme par le point qui lui fût accessible, et qu'il estimait culminant de toute la distance qui existe du rêve à l'action. Il ne se doutait pas qu'il était la dupe de sa sensitivité organique, et que, par un détour ignoré de lui, il recommençait dans l'ordre purement intellectuel son existence manquée dans l'ordre émotif et sentimental. Il ignorait la trame dont était tissue sa pensée d'à présent ; il ne voyait pas qu'il drapait de philosophie les plaies de sa sensibilité : puisqu'on ne pouvait rien déplacer dans le monde sans faire souffrir et saigner, le mieux était de se garder d'agir. Puisqu'on ne pouvait soustraire à sa vue le tableau douloureux du troupeau souffrant et saignant, le mieux était de s'endurcir afin de ne point se dissoudre en d'inutiles pitiés. C'est ainsi que s'insinua, incomplète, mais aiguë et profonde, la pensée d'un autre maître ; et il chercha en lui son salut, dans une égale et inique abstention du bien et du mal. Ainsi le miel évangélique de Tolstoï se corrompit au plus profond de son inconscient au contact du vin fort et amer qu'y avait versé Nietzsche. Et s'étant déshumanisé par excès de sensibilité, il se crut surhumain.

Un long hiver de solitude méditative l'avait fixé dans son nouveau personnage. Il se croyait certain, maintenant, de se développer dans ce nouveau sens. Mais il lui fallait tenter loyalement l'épreuve ordonnée par son maître. Il commença l'œuvre cruelle, arrachant impitoyablement les fleurs avec les orties, et trouva des délices d'ascète à se rendre dur envers lui-même. Sa cuirasse d'indifférence le meurtrissait cruellement. Mais l'orgueil le soutenait. Il voulait rompre le lien qui l'attachait aux tristes brutes du troupeau dolent. Est-ce que sa chair et ses nerfs étaient les leurs ? Pour ne point souffrir d'eux, il fallait d'abord qu'il se fît différent, échappât aux maux qui les laissaient si inférieurs. Dépassant Descartes qui mettait une ligne de démarcation entre la sensibilité de l'homme et l'automatisme de l'animal, Camille coupait la série immédiatement après son propre individu : en deçà, l'universel automatisme, pour les bêtes et les gens ; au-delà, son « moi » libre et intelligent.

Ce personnage artificiel se soutint d'autant plus facilement que Camille vivait dans la plus absolue solitude intellectuelle. Il s'était plié à n'accomplir les actes de la vie de relation que comme des formalités insignifiantes, et il trouvait une secrète joie à se faire estimer banal par ceux avec qui la nécessité le mettait en contact, et dont il approuvait méprisamment toutes les opinions. Il se croyait ainsi semblable au philosophe antique saluant tous les simulacres divins pour demeurer plus libre de les détruire dans son for intérieur. Même supérieur, pensait-il, au vieux grec, il ne faisait aux simulacres humains l'honneur ni d'une réfutation propagée par l'écriture et la parole aux disciples et aux initiés. Il alla jusqu'à se refuser les satisfactions d'ironie intérieure, qui sont la détente des faibles intelligents contre la pesée des forts et des impulsifs. Mais il n'était point satisfait. Comment saurait-il au juste quelle distance le séparait des humains, rois ou mendiants, héros ou coquins, tant qu'il ne se serait pas mesuré à eux ? Là était l'épreuve décisive, que ne lui offraient point les rares relations mondaines qu'il avait conservées. Cette épreuve, il la redoutait, et cette crainte lui était l'indice qu'il y était sans doute insuffisamment préparé.

II

EST-CE QU'IL Y A DES NEUTRES EN GUERRE CIVILE !

Ce matin-là, Camille était sorti de chez lui avec le désir de chercher quelque excitation dans le furetage des boîtes de bouquins installées sur le parapet des quais. Plein d'une grande allégresse, qui lui venait, sans qu'il s'en aperçût, d'un pur et frais ciel de printemps, il musarda le long des étalages où des philosophes et des théologiens, des grammairiens et des poètes continuaient, sous l'immobilité poussiéreuse de leur alignement égalitaire, les combats formidables et passionnés de l'esprit à travers les siècles. Il jouit gaminement de la puérilité de certains titres d'ouvrages, justement oubliés depuis deux siècles, et s'attarda un instant au rêve d'une bibliothèque idéale où seraient réunies, en quelques douzaines de volumes, la plus parfaite expression de la beauté et la plus exacte approximation du savoir. Tout en feuilletant nonchalamment un « *Art de péter*, imprimé avec privilège du Roy », que le bouquiniste cédait pour quelques centimes, il s'imaginait grand inquisiteur de la librairie, non par délégation publique, mais de son autorité privée. Et il se faisait brûleur de livres sots et inutiles, arrangeur du bref compendium où serait enclos l'essentiel de l'esprit du passé. Sa pensée volait à travers les systèmes, les littératures et les règnes, jetant du fatras au bûcher, n'épargnant du prétendu grand siècle que madame de Lafayette, et de Voltaire que ses contes.

Soudain, un bruit de clameurs le tira de sa besogne au moment où il venait de se décider à sauver quelques débris de Racine. Il était temps : des livres passant aux tableaux, et du regard franchissant l'étroite rivière, il allait incendier le Louvre, après en avoir déménagé la Joconde, deux toiles de Rembrandt et une demi-douzaine d'œuvres que lui seul admirait. Mais ces clameurs qui, pour cette fois, venaient de sauver le musée en violentant son rêve, que signifiaient-elles ? Avec un peu de crainte du contact avec la vie vivante et ses brutalités, Camille se le demanda, bien résolu quand même à discipliner l'attention qu'il leur accorderait. Il regarda et écouta. Des gens couraient sur la chaussée du quai gesticulant et criant, d'un grand remous qui balançait leur masse éparse et compacte à la fois entre la place Saint-Michel et l'Institut. Un kiosque de journaux oscillait sous un assaut désordonné, tandis que le sergent de ville, gardien de la station de voitures, se retirait discrètement dans le sien avec un air furtif d'amusement, féroce et enfantin. Des paquets de journaux volaient par-dessus les têtes hurlantes, puis étaient projetés à terre au centre d'un cercle qui, devant la flambée de l'autodafé, devint une ronde tonitruante de gens bien mis et de voyous.

De loin, le cri de : Vive la République ! répondait rageusement au tumulte proche, d'où partait en réplique : A bas les juifs ! Sans que l'on sût pourquoi, une panique souffla tout à coup sur les brûleurs de journaux et les emporta en poussière vers l'Institut ; les cris adverses, alors, se rapprochèrent. Accoté à une boîte de bouquins, Camille regardait ce combat, où les jambes et les gosiers semblaient être les armes préférées des belligérants. Une pierre qu'il reçut à l'épaule le détrompa, et il eut quelque ennui de se trouver entre les deux camps. Mais dans celui qui acclamait la République, un brisement se perçut. Des uniformes noirs dansaient dans la foule, gros poings en avant, semant les coups et faisant jaillir des cris de douleur et de détresse. Par quel télégraphe mystérieux l'autre camp fut-il averti ? Camille se l'était à peine demandé qu'une tête de colonne passait en trombe sous ses yeux, scandant son cri : Mort aux juifs ! Quand le gros de la bande eut passé, les traînards se livrèrent au jeu classique : chaque passant était invité à saluer l'émeute et à proférer son cri de guerre. Les hésitants eux-mêmes étaient maltraités.

Les gens en voiture n'étaient pas plus épargnés, au contraire. Des galopins juchés derrière la caisse, pesaient sur les ressorts et faisaient tanguer les voyageurs à leur en donner le mal de mer. Les cochers, goguenards ou furieux, se gardaient bien, eux d'ordinaire colériques pour des riens, de toucher à leur fouet : vivant dans la rue ils connaissaient ses colères, et les redoutaient. Le sergent de ville, embusqué derrière le judas de son kiosque, montrait une trogne allumée de curiosité joyeuse.

Les avanies succédaient aux avanies. Une femme qui passait ne put cacher son dégoût pour cette populace. On l'insulta, bien que sa désapprobation se fût manifestée par une simple moue. Sommée de pousser le cri de malédiction, elle s'y refusa, d'un mouvement bref de sa tête dédaigneuse. Des obscénités la souffletèrent, tandis que d'affreux petits singes s'efforçaient sournoisement de soulever ses jupes.

Camille bondit vers le groupe, dispersa

les galopins et, prenant la femme par le bras, tâcha de la tirer de la bagarre. Ce mouvement fit bonne impression sur la foule, dont se réveillèrent en même temps les sentiments chevaleresques et le sens rétrograde.

— Il a raison, dirent vingt voix. Les femmes sont en dehors de la politique. Il faut les y laisser.

Mais on voulut avoir avec soi ce chevalier dont le geste avait été si français, et on lui demanda d'un ton plutôt amical de souscrire à la profession de foi commune. Le ton était amical, mais narquois aussi, car le Français, qui pense avoir monopole de courtoisie et d'héroïsme envers les femmes, s'imagine également être Gaulois parce qu'il fait du désir d'amour une matière à plaisanteries abondantes.

Camille eut une courte hésitation. Allait-il saluer les simulacres divins de ces brutes si semblables sous les guenilles des uns et les pardessus fourrés des autres ? Ce ne fut pas la philosophie qui l'inspira, mais le désir de n'être point lâche au bras d'une femme.

— Je ne suis ni pour ni contre vous, dit-il d'une voix nette. Laissez-nous passer.

La foule grogna. Eh ! quoi ! ce chevalier

français s'en irait jouir gauloisement du fruit de son héroïsme, sans un mot de politesse pour ces bons Français, ces vrais Gaulois ! Il était neutre ! Est-ce qu'il y avait des neutres, en guerre civile ! On était Français et Gaulois, ou alors... Et, en moins d'une seconde, cinquante bouches vociférantes et contradictoires lui apprirent ce qu'il était, c'est-à-dire un juif et un protestant, un Prussien et un traître à la patrie, un vendu à l'étranger, un anarchiste, un franc-maçon, un panamiste. Pour l'achever, une mégère le déclara laid, et un étudiant le traita d'intellectuel. Des poings se tendirent pour menacer, par devant, et d'autres pour frapper, par derrière ; un de ceux-ci endommagea son chapeau, au moment où quelques joyeux drilles s'efforçaient d'arracher à son bras une conquête dont il ne se montrait pas digne.

La situation de Camille était plutôt critique, lorsqu'un homme décoré, d'allure militaire, s'interposa :

— Mes amis ! Vous me connaissez ! cria-t-il.

— Oui, oui ! c'est Dessaint, firent quelques voix.

— Vive Dessaint ! cria la foule.

Camille avait aussitôt reconnu le survenant, dont il avait suivi le cours au Collège de France. Il s'étonna de la popularité de ce philosophe parmi ces barbares.

— Monsieur est mon ancien élève, par conséquent mon ami, fit Dessaint d'une voix très haute. Je puis vous affirmer qu'il ne soutient pas les scélérats que nous combattons.

Et, prenant le ton du discours, il déclama :

— Rappelez-vous que, dans cette lutte sainte pour le salut de la patrie, ceux qui ne sont pas contre nous sont avec nous.

La foule lui donna immédiatement raison, parce qu'il avait de l'autorité, et qu'il parlait bien. Il put donc, après avoir serré quelques mains, entraîner Camille et sa compagne dans la rue Dauphine, tandis que les émeutiers, bousculés par un remous du gros de leurs troupes, s'enfuyaient vers l'Institut en poussant des hurlements.

III

VOUS N'ÊTES RÉELLEMENT QU'A LA CONDITION DE N'ÊTRE PAS DU TOUT

La dame, une fois en sûreté, prit congé de Camille avec un remerciement dont le professeur eut sa part. Celui-ci la regarda s'éloigner d'un œil gourmand.

— Ces gens sont fous, dit le jeune homme en essayant de donner à son chapeau une forme acceptable.

Il se reprit aussitôt :

— Pardon, j'oubliais, mon cher maître, qu'ils sont vos amis, sinon vos élèves.

— Mes élèves, ah ! non ! se récria Dessaint. Pas même mes amis.

— Pourtant, il y a quelque chose de commun entre vous et eux.

— Il y a ce que je leur abandonne, et rien de plus. Ces chiens rongent les os de notre table, mon cher enfant.

— Je m'étonnais, aussi, qu'ils vous eussent

conquis. Ne m'avez-vous pas, en effet, enseigné le mépris de l'opinion commune et l'horreur des foules ?

Tout en causant, le professeur et son ancien disciple avaient gagné un antique café empli d'ombres illustres fixées en effigie sur les murs. A cette heure matinale, ils étaient seuls, parmi cette clientèle de glorieux défunts.

— N'est-ce pas que ça me va bien de parler au peuple ? s'écria Dessaint en trempant un croissant dans une tasse de lait.

— Comment, mon cher maître, vous croyez à présent qu'il existe un individu appelé peuple, et qui mérite que l'on quête ses bravos ?

— Non, je n'ai pas changé d'avis là-dessus. Le peuple n'est qu'une vaine poussière. Un individu, c'est quelque chose ; cent individus, ce n'est plus rien qu'une force nerveuse sans cerveau. Ce néant, j'en fais quelque chose, à ma volonté, à mon caprice, dirais-je, si le philosophe pouvait se permettre des caprices.

— Et, dans quel but ajoutez-vous votre unité à cet alignement de zéros ?

— Si je vous disais que j'ai transporté sur la place publique mon laboratoire de psychologie, vous me croiriez ?

— Oui fit Camille. Je vous crois, et je comprends à présent. Toutes mes excuses.

— Eh bien, vous n'y êtes pas, répartit Dessaint en s'esclaffant. Ce n'est pas de la science que je fais en ce moment, c'est de l'art. Je ne dissèque pas, j'opère une cure.

— Je croyais que vous vous intéressiez aux sociétés humaines seulement comme à un objet d'études. Je me rappelle encore vos ironies contre les « citoyens » qui veulent appliquer leurs théories aux foules, et prétendent, soit en seconder l'évolution naturelle, soit la contrarier.

— C'est précisément la sottise de ces citoyens-là qui m'a jeté à leur suite sur la place publique, pour tâcher de réparer le dégât qu'ils y font.

— Bah ! comment ? interrogea Camille en tâchant de lisser son chapeau.

— Une nation, dans un pays, cela existe, cela dure des siècles. Transformez, si peu que ce soit, cette nation qui ne demande qu'à vivre en un peuple qui ne sait que s'agiter en l'honneur d'abstractions anthropomorphisées avec une logique impérieuse de sauvages, tout fichera le camp, et la nation se disloquera, pour faire place à d'autres formations ethniques, plus homogènes. C'est par horreur de cette infraction aux lois naturelles, suscitée et encouragée par le haïssable idéalisme, que je me suis jeté dans la bagarre. La nation dans le pays est un portrait dans son cadre : si l'on s'avise de faire grouiller le portrait, on endommagera le cadre. Comprenez-vous, à présent ?

— Je comprends ceci : vous tirez sur un coin du cadre, tandis que d'autres tirent sur les autres coins. Le cadre se disloquera simplement un peu plus tôt.

— C'est bien fait pour moi, fit le professeur. Cela m'apprendra à me garder des images. On croit, ainsi, être plus bref et plus expressif, et l'on produit de la confusion. Merci de la leçon, mon cher élève.

— C'est dans votre enseignement, s'il y avait leçon, que je l'eusse puisée, mon cher maître, répondit Camille avec une modestie affectée qui ne fit pas illusion au vieux dresseur d'âmes.

— Pourtant, reprit Dessaint, je tiens à mon image, et je vais essayer de la rafistoler. Je ne veux pas plus tirer sur le cadre que dilater la nation qui l'emplit. Une nation, c'est un corps solide et contracté ; un peuple, c'est un corps gazeux, en dilatation permanente, à explosions fréquentes. Je travaille à solidifier ce corps, à le contracter, afin qu'il cesse d'ébranler le cadre qui est le sien, et hors duquel il s'en irait en atomes. C tte nation, il faut donc la fixer à quelques notions simples, d'autant plus acceptables qu'elles sont héréditaires, vivantes en elle de toute la vie de cinquante générations. Ainsi, me reportant aux temps d'unité morale, je lui rapprends que tout étranger est un ennemi, tout mouvement une fatigue, toute nouveauté un péril. Evolutionniste et athée, je me suis fait clérical, parce qu'il faut aux masses une discipline intellectuelle. Homme de science, je me suis fait le défenseur de tous les préjugés, parce que les foules ne sont pas dignes de connaître la vérité. Vous avez vu, tout à l'heure. Ils sont à point, mes gaillards. Ils n'ont encore brûlé que des journaux ; donnez-leur un peu de temps, et ils en feront autant des non conformistes en religion, en morale, en politique, en nationalité. Et nous aurons la paix.

— Et si quelqu'un leur lisait vos livres ?

— Ils ne comprendraient pas, répliqua dédaigneusement le professeur.

— Vous ne craignez pas l'accusation de duplicité, ne fût-ce qu'au regard de votre conscience ?

— Non, puisque nous leur cachons à peine le but où nous les menons, qui est le plantureux repos animal, les grasses années césariennes succédant aux maigres années républicaines. Vous ne sauriez croire comme la tourbe aime les tyrans qui la débarrassent du souci de ses destins.

— N'importe, vous rusez et, permettez-moi le mot, vous mentez.

— Comme on ment à des enfants, pour les faire tenir tranquilles. Est-ce vous qui prétendrez que le peuple est un être réel, raisonnable, moral, responsable, souverain ? Vous ai-je enseigné cela, par hasard ?

— Si vous me l'aviez enseigné, fit Camille, je l'eusse oublié, comme j'ai oublié tant d'autres erreurs.

— Ce que j'enseigne, je l'enseigne toujours de bonne foi.

— Ce que j'en ai oublié, ou plutôt rejeté, je l'ai rejeté de bonne foi également, répliqua Camille. Je n'ai jamais accepté votre matérialisme utilitaire.

— Oui, je me rappelle... Vous étiez un

mystique, un doux mystique, ricana le professeur.

— Je ne suis plus ni doux, ni mystique. Je ne crois plus aux idées, même. Trop longtemps les hommes s'y sont asservis. Ils ont cru, par elles, épurer leur religiosité organique, et leur ont voué un culte aussi décevant...

— Et plus dangereux, ajouta Dessaint.

— Soit, plus dangereux que les religions. Mais moi, je ne veux d'aucune religion, n'ayant nul besoin de relier, d'enchaîner ma libre individualité au vague troupeau qui fait des gestes et croit avoir des pensées. Mes idées, à moi, sont mes servantes.

— Elles vous servent, à quoi ?

— A rendre plus exacte et plus aiguë ma vision de l'univers, dont je m'approprie ainsi le plus que je puis, dont je jouis comme d'un bien qui m'est offert, sans avoir à payer mon écot.

— Tout cela est bien vague, fit dédaigneusement le professeur. Mais enfin, tel quel, votre individualisme vous fait forcément des nôtres.

— Des vôtres ? Quels ? Vous ? Vos garçons d'abattoir ? Serai-je mon propre but, ou un moyen pour votre but à vous ? D'ailleurs, je ne sais pourquoi je vous pose cette question : se mêler à l'action publique, c'est se renoncer. Je veux me garder à moi.

— Eh ! c'est justement pour que chacun n'ait plus à se mêler ni des affaires du voisin, ni de tous les voisins, que nous agissons. Vous ne pouvez nous refuser votre adhésion. Quand nous aurons vidé la place publique, nul ne viendra vous faire un devoir d'y descendre.

— En attendant, vous l'emplissez de tumulte.

— On ne combat un mal que par un autre. Il faut dégoûter les esclaves de leur liberté. C'est pour cela que nous leur donnons la haine de la pensée et le culte de la force matérielle. Cela ne vous choque-t-il pas de voir des cordonniers, qui ne savent pas seulement l'histoire d'il y a vingt ans et ne comprennent rien à celle qu'ils font, avoir part au gouvernement de la société ?

— Précisément, parce que cela me choque, je les laisse gouverner et ne veux me mêler en rien à leurs folies... D'ailleurs, si vous croyez décider les esclaves à réintégrer l'ergastule ?

— Oui, si on leur montre la pâtée toute

prête. Sur dix millions d'esclaves embarrassés de se sentir libres, en notre vieux pays de France, combien ont cette turlutaine de se croire le peuple souverain ? Dix mille à peine. Il n'y a qu'à jeter tous les autres sur ceux-ci. Voilà précisément ce que nous faisons. Tous ces autres ont gardé l'admiration de la force, le culte des héros et des dieux. Le soldat leur montre le héros, et le prêtre le dieu. Nous avons avec nous ces deux forces traditionnelles, liguées contre un homme deux fois criminel, puisque traître et déicide.

— Le croyez-vous donc coupable ?

— Ce n'est pas une question à poser. Est-ce qu'Iphigénie était coupable quand la raison d'Etat l'immola ? Nous avons besoin de jeter une victime dans les fondations de la cité à réédifier. Vous qui voulez suivre votre maître par delà le bien et le mal, soyez digne de lui en voulant le plus grand bien. Ne parlez donc pas comme la plupart de mes collègues, serviteurs de l'idée de justice, à ce qu'ils croient. La vraie justice, c'est que cette nation, dont nous sommes, et qui est notre support, notre moyen, ne s'éparpille pas. Croyez-vous qu'en mettant des bourrelets à vos fenêtres et des verroux à votre porte, vous empêcherez la maison de s'écrouler sur vous ?... Ah ! ces métaphysiciens, quel mal ils font ! Tous les professeurs de philosophie croient à l'innocence de ce petit officier juif. Moi aussi, je le crois innocent, au sens vulgaire de ce mot. Ils veulent que cette innocence soit proclamée. Moi pas. Parce que je vais au-delà, au-dessus du juste et de l'injuste, et que j'ai le courage de me placer en face de la nécessité. Voilà ce qui fait ma supériorité sur ces mâcheurs de mots creux. Tenez, je préfère à ces mandarins si subtils, et en apparence si nobles, le grossier politicien qui s'écria un jour : « Innocent ou coupable, il faut que cet homme demeure condamné ». Il s'est rétracté, par lâcheté devant les idoles de la métaphysique, mais, pour un instant, la nécessité auguste a parlé par sa bouche.

— Je vois votre excuse, fit Camille, car il faut que je vous en cherche une. Vous êtes patriote.

— Non. Le patriotisme est pour moi un moyen. Je me sers de cette idée, encore. Je ne la sers pas. Voici à quoi me sert le patriotisme, que pour mon compte je n'accepte pas, car je suis de la même cité que Darwin et que Nietszche, tandis que les animaux qui commandent leur repas dans la langue de ma nourrice ne sont pas mes compatriotes : L'idée de patrie me sert à parquer le troupeau ethnique, à le soustraire à toute influence extérieure forcément dissolvante, à l'empêcher de contaminer les troupeaux voisins de sa peste révolutionnaire. Dussions-nous le forcer à faire la guerre, à être de nouveau vaincu, amputé de trois provinces, j'estime qu'à ce prix nous n'aurions point acheté trop chèrement la paix. Ce patriotisme étroit et agressif que nous lui inculquons, le remet en goût de servitude. Et comme il est trop stupide pour se passer d'idéal, nous avons fait un pacte entre sceptiques et fanatiques, pour le ramener à l'Eglise. Avant cinq ans, tout cela ira à la messe. Le Mage l'aura débarrassé du Mandarin.

— Et la pensée ? l'art ? la littérature ? s'écria Camille. Que deviendront ces fleurs de la vie, fauchées par le soldat, étouffées par le prêtre ?

— Mon jeune ami, vous manquez gravement à votre logique, qui est la mienne. Vous tenez, comme moi, la démocratie pour une débauche d'esclaves révoltés. Et vous vous refusez à faire à la fois leur bonheur et votre repos. Ces chaînes qu'ils regrettent, vous ne voulez pas les leur remettre aux mains. Et vous déplorez qu'ils demeurent privés d'entraves. Le pire rêveur est celui qui sait les nécessités, et ne veut pas les aider. Pourquoi vous êtes-vous retiré de l'action, aux premiers jours de votre jeunesse ? Parce qu'il vous déplaisait de voir vos gestes répéter ceux du voisin dans un commun effort, vulgaire et inutile, presque toujours nuisible. Vous avez voulu être vous-même, faire vos propres gestes pour votre compte, n'être l'instrument d'aucun individu, la dupe d'aucune idée. Et vous croyez vous être réalisé en vous emmurant, sans vous apercevoir que le tohu-bohu causé par la Renaissance, la Réforme, la Révolution et l'Internationalisme achève de confondre toutes les valeurs, et que vous n'êtes réellement qu'à la condition de n'être pas du tout. Et tandis que vous contemplez de haut, en artiste, la destruction de votre empire, la médiocrité étend à mesure son niveau sur tous, la gaveuse socialiste s'apprête à fonctionner mécaniquement pour empiffrer tous les estomacs, le vôtre y compris. Alors, plus de lutte, plus de concurrence, plus de forts s'élevant aux sommets pour régner par la toute puissance de l'esprit. Le maçon qui vous contraindra fraternellement à gâcher son mortier et à causer politique avec lui saura bien, de sa blague de loustic à demi lettré, vous forcer à ne pas penser plus haut que son étroit cerveau. Que deviendrons-nous alors, nous les produits de l'évolution humaine, les sélectés grâce à la lutte ? Néant. Est-ce que le sabre et le dogme pourraient nous atteindre aussi sûrement ! La tyrannie d'Auguste n'empêcha pas plus Virgile de chanter que celle de Sylla n'étouffa la pensée de Lucrèce.

A ce moment apparut dans la rue un groupe compact d'étudiants et d'ouvriers. Cette masse oscilla un instant puis, sur un mot d'ordre, entra en tumulte dans le café. Ils étaient tous fort animés, essoufflés d'avoir couru et crié. L'un d'eux monta sur une chaise et, le bras étendu vers les effigies illustres, commença un discours où étaient évoqués Voltaire, les droits de l'homme et la justice.

Agacé, Dessaint se leva, et entraîna Camille au dehors.

— Laissons-les jouir de leur reste, dit-il d'un ton méprisant.

IV

CES PENSÉES SI NOBLES ENGENDRAIENT DES MONSTRES

Dès qu'ils furent sur le seuil du café, Camille tendit au professeur une main glacée.

— Merci et adieu, dit-il. Une affaire urgente que j'avais oubliée...

— C'est cela, mon ami, fit Dessaint avec une bonhomie narquoise. Allez cuver la dose de logique que je vous ai versée. J'ai eu peut-être la main un peu lourde, mais ça passera. Et, alors, vous reviendrez me voir.

Le geste de refus de Camille fut si involontairement spontané que le vieillard ne put s'empêcher de rire.

— Mauvais estomac, murmura-t-il avec un haussement d'épaules.

Et il s'en alla, tandis que Camille cloué sur place le regardait s'éloigner avec l'idée qu'il venait de voir se matérialiser caricaturalement les théories caressées pendant de longs mois. Ainsi, au premier contact avec la réalité, elles se reflétaient en horreur. Ces pensées si nobles engendraient des monstres. L'idée ne demeurait donc belle qu'à la condition de s'éloigner du fait.

Il demeurait béant, bousculé par les passants ; son front écrasé de pensées en déroute inclina ses yeux vers le sol, où ils semblèrent contempler le vase précieux de ses rêves, mis en pièces par un trop rude choc avec la réalité.

— Je dois avoir l'air de la petite bonne femme de Greuze, dit-il tout haut, avec un rire faux.

Il eut honte de cette posture ridicule, et se mit à marcher, confiant ses pas à l'instinct. Dans son cerveau les mots s'appelaient et ne se rejoignaient pas, les images défilaient avec des légendes absurdes. Il eut un moment le douloureux orgueil et l'atroce frayeur du destin de son maître. Pour tenter de se rassurer, il voulut se rappeler ses dernières digestions, ses récentes névralgies. Des indices lui apparurent, se groupèrent en un faisceau diagnostique, et une terreur le secoua d'un tel sursaut qu'il faillit tomber. Alors, il refit son examen plus posément : il vit aux objets de la rue un aspect normal, traversa la chaussée sans être tenté de se jeter sous les pieds des chevaux, s'appliqua à compter ses pas jusqu'au plus proche bureau de tabac, fit raisonnablement plusieurs opérations mentales déraisonnables, imagina des gestes désordonnés tout en observant que sa démarche demeurait correcte et décente. Rassuré enfin, il eut un bref frisson d'ébrouement, et, le péril passé, une vanité lui fit un instant regretter d'être resté au bord de l'abîme où la raison de son maître avait sombré. Son maître ! Avait-il encore un maître ? Etait-ce un maître, ce périlleux guide qui ne laissait de choix qu'entre le crime et la folie ! Il revint ainsi au sentiment de son désastre, essaya cette fois d'en mesurer l'étendue. Il se trouva chez lui, conduit par l'instinct, avant d'avoir pu savoir ce qui lui restait au juste. Il se compara à un joueur ivre et décavé, qui ne peut parvenir à compter, dans le tâtonnement de sa poche, les quelques décimes qui lui restent.

— Bon, dit-il rasséréné un peu par cette image, je ferai le compte dans mon cabinet.

Son cabinet, c'était là le refuge où son automatisme l'avait porté. Enfant, un péril l'eût fait accourir au giron maternel. Il ne s'étonna point que, devenu homme, il dût encore chercher refuge à sa détresse ailleurs qu'en lui-même, car il se sentait un bien maladroit apprenti en surhumanité. Mais il allait s'enfermer dans son cabinet, relire son maître avec un esprit critique plus averti, et certainement il se trouverait confirmé et réconforté. Ainsi, lui aussi avait son cadre, et travaillait à en recoller les morceaux. Lui aussi cherchait un mot d'ordre, recevait sa pensée d'autrui. Si, du moins, cette pensée ne se brisait pas contre elle-même. Ou alors, ce vase précieux ne serait qu'une cruche grossière, et qui, en se brisant, ne laissait se perdre que de l'eau claire. Cadre ou cruche, il voulait savoir ce que ça valait au juste. Et ce cadre et cette cruche dansaient ridiculement dans le vide de son cerveau épuisé.

— Cruche toi-même ! se cria-t-il intérieurement en ouvrant sa porte.

V

UNE BRUTE, QUI SE CROIT L'ÉGALE D'UN HOMME

— Un ouvrier est venu ce matin ajouter des rayons à la bibliothèque de monsieur.

Camille regarda son domestique d'un air consterné.

— Quel ouvrier ? fit-il.

— Monsieur sait bien... Monsieur l'a fait demander pour aujourd'hui, sans faute. Il travaille dans le cabinet de monsieur.

Le jeune homme eut un geste de résignation, et se dirigea vers son cabinet. Dans un coin de la pièce vaste et claire, mais rapetissée et assombrie par les meubles et les objets d'art qui l'emplissaient, un ouvrier était accroupi, un mètre à la main, parmi des planches, des baguettes, des pots à colle et des camions de peinture et de vernis. L'ouvrier tourna la tête au bruit de la porte qui s'ouvrait, inclina le buste en un léger salut et se remit à mesurer ses planches, adossé à un énorme tas de livres pos.'s sur le parquet.

— Comment ! fit Camille, vous n'êtes pas à la manifestation, mon ami ?

— Non, mon ami, répondit l'ouvrier, sans lever le nez.

Cette familiarité fit sursauter Camille. Encore un esclave qui se croyait libre, une brute qui se croyait l'égale d'un homme.

— Comment dois-je vous appeler pour ne point vous choquer ? demanda-t-il avec une pointe de moquerie.

— « Mon ami » ne me choque pas. Vous me faites votre ami ; par politesse, je vous fais aussi le mien.

— Vous aimeriez mieux que je vous appelasse citoyen ?

— Oui, si cela m'apprenait que vous en êtes un aussi... Voici une planche qu'il faudra remplacer. Vous avez mis dessus des livres trop lourds.

— Bien. Remplacez-la, dit Camille d'un air absorbé.

Il songeait que les rayons de son cerveau étaient bien plus fragiles encore que ceux de sa bibliothèque. Ce qu'il y avait emmagasiné était trop lourd. Pourquoi ne pouvait-on contreforier un crâne comme on réparait un meuble! Puis, jetant les yeux sur les livres alignés, sur ceux qui chargeaient les tables, s'entassaient sur le parquet, il s'aperçut qu'il n'avait pas même réalisé pour son propre compte le compendium rêvé, et qu'il était encombré d'ouvrages inutiles. Il se demanda s'il n'en était pas de son cerveau comme de sa bibliothèque. Pour chasser cette idée pénible qui le ramenait à son tourment, il voulut se donner du répit, vivre quelques moments de vie puérile et simple. Il se rappela que les ouvriers aiment à boire; il voulut faire plaisir à celui-ci.

— Voulez-vous prendre un verre de vin? lui demanda-t-il.

Et sans attendre, sûr de la réponse affirmative, il sonna. Le valet de chambre parut.

— Apportez du vin, lui dit Camille.

— Je vous remercie, monsieur, ne dérangez pas ce garçon, dit l'ouvrier. Je ne bois de vin qu'à mes repas.

— Il y a des vins qu'on peut boire le matin, et qui valent mieux que des apéritifs.

— Pour ça, oui.

— Ainsi, le porto, le madère...

— C'est vrai... Et puisque vous voulez bien me faire l'amitié de trinquer avec moi...

Camille se mordit les lèvres et dit au domestique :

— Apportez du porto blanc... Hein ! C'est du porto blanc ? Oui ?

— Volontiers, fit l'ouvrier en badigeonnant de brun une moulure.

Le domestique sorti, Camille ne put retenir cette impertinence :

— Ainsi, vous êtes de ceux pour qui tous les hommes sont égaux ?

— Si j'oubliais qu'ils ne le sont pas, serait-ce à vous, monsieur, de me le rappeler, chez vous ?

Le jeune homme accepta la leçon de bonne grâce. Il avait fini par remarquer la face sérieuse de cet ouvrier attentif à son travail et à sa dignité, et où ne se lisait nulle aggressivité, nulle vantardise. Cela lui inspira une sorte de respect.

— Excusez-moi de vous déranger de votre besogne pour vous dire des...

Le mot ne vint pas. Mais, malgré lui, il avait corrigé son regret par l'expression d'ironie qu'il lui avait donnée. L'ouvrier n'avait pas répondu. Camille ne savait que dire. Le domestique le tira d'embarras en apportant un plateau sur lequel étaient un flacon et deux verres. Camille remplit lui-même les verres.

— A votre santé, fit-il.

L'ouvrier se leva et prit le verre qui lui était tendu.

— Asseyez-vous, je vous prie, reprit le jeune homme d'un ton de parfaite courtoisie.

— Il faudrait vous résigner à loger les *in-quarto* ailleurs que dans ce corps de bibliothèque... Voyez-vous, monsieur, leur poids faussera toujours les ais. Voulez-vous me permettre d'en parler à mon patron ?

— Faites, dit Camille. Mais je veux, auparavant, avoir un devis de la dépense.

— Oh ! certainement. Vous savez, d'ailleurs, que notre maison est consciencieuse.

— Vous y avez des intérêts ?

— Oui, je suis intéressé, comme tous mes camarades, à ce qu'elle ait de bons clients afin de demeurer une bonne maison.

— Ce n'est pas socialiste, cela.

— Vous devez sans doute savoir mieux que moi ce qui est socialiste et ce qui ne l'est pas, répondit l'ouvrier en tournant la tête vers un amas de volumes de sociologie et d'économie sociale. Je crois pourtant pouvoir être socialiste sans éprouver le besoin de désirer la ruine de mon patron.

— Vous apportez des tempéraments à votre socialisme, fit Camille. Dans ce cas, que devient la lutte des classes, principe essentiel du socialisme ?

— Il y aurait trop à dire là-dessus, et je ne serais pas capable de vous faire une conférence. D'autre part, le travail que je vous dois en souffrirait, et...

— Et puis, je ne vous paie pas pour m'enseigner ce que vous savez.

— Ce n'est pas ce que je voulais dire. Enseigner, moi ? Oui, à ceux qui en savent moins que moi, et ce n'est pas votre cas. J'enseigne à mes camarades des choses du métier, et parfois ils m'en apprennent. Il m'arrive aussi de leur soumettre des idées très simples sur la manière de nous comporter pour ne pas être des vaincus dans la lutte pour l'existence. Parfois aussi, c'est eux qui m'en donnent, que j'accepte, les trouvant justes. La vie est une école mutuelle : on n'y enseigne pas, on s'y renseigne les uns les autres. Pourtant, si vous vouliez être ébéniste, je pourrais être votre maître, ne fût-ce que pour apprendre à tenir les outils. Et voilà, finalement, ce que je voulais dire : c'est à ceux qui savent de dire ce qu'ils savent à ceux qui ignorent.

— Je ne vous demande pas de m'enseigner, mais précisément de me renseigner. Nous ne pouvons, étant placés différemment, voir les choses sous le même angle. Dites-moi comment vous les apercevez du point où vous êtes.

Comme l'ouvrier se taisait, Camille ajouta :

— Vous me croyez un savant parce que j'ai beaucoup de livres, dont vous connaissez sans doute à peine les titres ?

L'ouvrier hocha la tête affirmativement.

— Eh bien, reprit Camille, d'avoir lu et relu tous ces livres, cela m'a appris surtout que je sais peu de chose.

— Tous les savants disent cela.

— Eux, du moins, savent ce qu'ils savent. Tandis que moi...

— Tandis que vous ?... interrogea l'ouvrier.

— Je ne suis pas un savant, fit Camille, pris de pudeur et n'osant avouer tout à fait sa débâcle.

Il reprit après un silence :

— Dites-moi ce que vous savez... Excusez cette curiosité, et veuillez croire qu'il n'y entre nulle ironie. Vous avez des principes sur la vie individuelle et collective ?

— Oui, j'en ai toujours eu, que la réflexion et l'apprentissage de la vie ont modifiés à mesure.

— Ceux que vous avez à présent?

— Je les crois bons, puisque je m'y tiens.

— Et vous y conformez vos actes?

— Dame, autant qu'il est possible.

— Et quand vos actes ne peuvent pas se conformer à vos principes, à quoi vous en prenez-vous? Aux actes, aux principes?

— Non, à moi, tout bêtement.

— Mais vous, vous êtes un fait, et vos actes c'est vous. Donc, selon vous, les principes ont raison et les faits ont tort. C'est du mysticisme, cela. Vous êtes asservi aux idées.

— Ah! monsieur s'écria l'ouvrier, si nous causons ainsi, je vous avoue que je ne pourrai pas vous suivre. C'est trop abstrait pour moi. Cependant, je vais essayer, car je vois que vous ne vous moquez pas. Mais laissez-moi reprendre cela à ma manière. Revenons au point de départ, cela me sera plus commode... Comme socialiste, je dois tenir la lutte de classe pour un principe.

— Vous pourriez le considérer seulement comme un fait, si vous n'étiez pas socialiste. La lutte des classes est la trame de l'histoire économique, disent les uns; de toute l'histoire, disent les autres.

— Je suis plutôt avec les premiers.

— Vous n'êtes pas orthodoxe.

— Le socialisme n'est pas plus une église que ses principes ne sont des dogmes. La lutte de classe, fait économique, est pour nous un principe d'action : voilà comme je conçois la chose... Pourquoi est-ce que je m'unis à mes camarades de classe ? Pour lutter contre la classe opposée. Mais, en même temps que je m'unis à mes camarades, je lutte avec eux d'habileté pour le meilleur salaire, ou simplement pour ma réputation de bon ouvrier. Mais nous limitons cette lutte, nous l'incorporons, sans qu'elle y soit une gêne, à notre solidarité contre les patrons. De même, nous limitons la lutte contre nos patrons au point où ce serait la ruine pour eux et le triomphe des patrons étrangers, chez qui les commandes émigreraient. Cette solidarité avec nos patrons nationaux n'empêche pas notre solidarité avec les ouvriers des autres pays, dans la lutte internationale de tous les ouvriers contre l'ensemble des patrons du monde entier. Vous le voyez, notre terrain économique est joliment compliqué. Mais je ne suis pas seulement un ouvrier ; je suis un citoyen, j'aspire à être un homme complet. Comme citoyen, je suis solidaire de mon patron, qui d'aventure est républicain, contre mon camarade d'atelier, qui ne l'est pas. Libre-penseur, je vois ma femme aller à la messe ; sauf sur ce point, nous nous accordons parfaitement, tout en disputant sur nos convictions respectives. Et ainsi de suite. La lutte est dans tout, sur tout ; mais l'association est tout, étant au fond de tout.

— N'allons pas si vite, fit Camille, qui avait écouté fort attentivement. Restons un instant sur le terrain économique. Sur ce terrain, vous faites de la défense ouvrière, et non du socialisme, puisque vous ne poussez pas jusqu'au bout le principe de la lutte de classe.

— Je le pousse jusqu'au point où il s'oppose à la solidarité générale. La lutte ouvrière est d'ailleurs la base solide, réaliste, du socialisme, mais elle ne suffirait point à elle seule à dégager le socialisme du monde actuel. En unissant leurs forces, les ouvriers n'ont pas seulement pour but de mettre leurs salaires au niveau de leurs besoins. Cette union leur fait prendre connaissance du domaine où peut s'exercer leur action ; elle les habitue à s'y développer de toute la puissance multipliée que produit l'association des efforts. Tant que nous ne nous sentons pas capables de les suppléer, nous conservons nos patrons, qui nous sont des banquiers, toujours onéreux, et des chefs de travail, souvent injustes et maladroits. Hier, dans l'état de dispersion, nous étions pour nos patrons des moyens de vivre et de s'enrichir, et ils étaient à peine pour nous un moyen de vivre. Aujourd'hui, par notre union, un commencement de contrat s'établit dans les rapports d'ouvriers à patrons ; ceux-ci sont un peu plus les moyens de ceux-là, qui les obligent à compter, à composer. Demain, quand l'organisation aura augmenté notre valeur comme ouvriers, comme citoyens, comme hommes ; quand nos coopératives de consommation auront, dans le patron, supprimé le commerçant ; quand notre éducation professionnelle et corporative aura rendu le patron inutile comme chef de travail ; quand notre action politique et notre culture générale auront secondé notre transformation de salariés en hommes libres, — qu'y aura-t-il ? Ceci : l'association ayant tiré ses moyens de la lutte elle-même.

— Si je crois bien vous comprendre, fit Camille, vous luttez à la romaine. Vous faites la guerre en vue de la paix, une paix faite de l'incorporation universelle à la cité du travail ?

— C'est cela même. Nous coopérons pour lutter et nous luttons pour coopérer. Nous luttons surtout contre qui refuse de coopérer. Nous luttons aussi, entre coopérateurs, à qui fera du mieux et aura l'honneur du premier rang.

— Donc, pour vous, la lutte est un moyen de coopération ?

— Elle en est un acte nécessaire, essentiel, insista l'ouvrier. Nous ne cimentons pas de la poussière pour en supprimer les atomes et les fondre en un bloc. Nous appelons, par la lutte, les individus à se connaître et à se posséder dans l'association. Vue ainsi, la lutte n'est plus un principe que les faits puissent contredire. Elle est éveilleuse d'énergies et créatrice de forces, parce qu'elle a enfin un but, sur lequel elle est éclairée. Et ce but, c'est de susciter les énergies, d'associer les forces pour les accroître en les libérant. Direz-vous encore que nous sommes des mystiques, qui sacrifions le fait à l'idée ?

— C'est aller vers l'idéal en rampant.

— Ça vaudrait mieux en tout cas que de s'y envoler à la manière des hannetons qui vont se briser la tête contre les globes électriques des squares. Les soldats aussi, sous le feu de l'ennemi, cherchent la victoire en rampant. Mais votre comparaison est inacceptable. Notre idéal, c'est, vous le savez, non la pâtée servie à tous par la cuisinière Collectivité, mais l'association de toutes les forces ; et la plus maladroite faiblesse est encore une force dans un monde qui sait tirer parti de tout. Par cette association, nous nous libérons de toute servitude matérielle, de toute obscurité intellectuelle, de tout préjugé moral. Je ne veux pas réaliser pour moi seul cet idéal, parce que je sais ne pouvoir y tendre que par l'effort concerté de tous. Et puis, aussi, cela me fût-il possible, parce que j'aurais honte de m'accroître d'autrui sans rien lui donner en échange.

Camille rougit imperceptiblement.

— Par l'association, vous abdiquez votre liberté, fit-il pour rompre les chiens. Vous déclarez bien que l'association vous fait plus libres que l'isolement, mais il vous reste à le démontrer.

— L'homme le plus libre, — ne parlons pour l'instant que de l'ouvrier, — est celui qui mange le mieux, est le plus instruit et a le plus de loisir. Contestez-vous que le syndiqué réunisse plutôt ces conditions que l'isolé affamé, abruti et surmené sous l'arbitraire patronal ?

— Il n'échappe à la tyrannie du patron que pour tomber sous celle de ses camarades.

— La loi des majorités est parfois dure, je le reconnais. Mais c'est la loi, notre loi, ma loi. Tandis que la volonté de mon maître, fût-il le meilleur des hommes, c'est l'arbitraire. Par le syndicat, je sors de l'arbitraire pour entrer dans le droit. L'arbitraire ne peut jamais développer de liberté, alors que le droit le plus tyrannique à l'origine contient en germe la liberté la plus indéfinie. Si mon droit reste inférieur, c'est que je ne suis pas encore capable de le développer, et je n'ai à m'en prendre qu'à moi-même. Sous l'arbitraire d'autrui, je ne suis pas : c'est l'écrasement sans phrases.

— Vous préférez être du troupeau qui piétine les individus libres.

— Hier troupeau, demain conseil. Il y a troupeau quand la force qui le mène et le contient est extérieure. Il y a société quand elle est impulsée et dirigée par sa propre force intérieure.

— Qui dit conseil, dit majorité et minorité ; c'est-à-dire force opprimant faiblesse, nombre opprimant raison, insista Camille.

— Dans le conseil, fût-ce au bout de mille ans, la raison finit toujours par avoir raison, répondit l'ouvrier. La force, au contraire, reste toujours la force, et la raison ne s'en délivre qu'en s'en emparant.

— La raison ne réside pas dans les masses, mais dans les minorités. Et, dans ces minorités, ce sont les isolés qui ont le plus raison.

— Comme dans une troupe en marche dans la nuit, c'est l'avant-garde qui aperçoit la première le soleil surgissant à l'horizon. Cela veut-il dire qu'elle gardera le soleil pour elle et laissera le gros de l'armée dans une éternelle obscurité! L'homme le plus seul est le plus fort, dites-vous. Et vous nous reprochez de supprimer cette force pour lui substituer le faisceau des faiblesses et des médiocrités.

— Oui, voilà le reproche que je vous adresse.

— D'abord, monsieur, veuillez ne pas confondre. Il y a l'isolé qui fait masse dans le troupeau et que son ignorance rend incapable de communiquer avec ses semblables, et il y a l'isolé qui est parti en avant, à la découverte. Celui-ci, le seul qui vous intéresse, qu'est-il? Si vaste que soit son intelligence, ne garde-t-il pas mille contacts, n'opère-t-il pas mille échanges, avec ceux en qui son orgueil ne veut plus voir des semblables, mais des êtres d'une espèce inférieure? Il mange, aime et souffre comme eux, pourtant.

— Les animaux mangent, aiment et souffrent aussi, interrompit Camille.

—Aussi ne leur refusé-je pas leur rang dans l'échelle des êtres, répliqua l'ouvrier. Notre moralité actuelle nous crée envers eux des devoirs, qui sont leurs droits, et que ne connurent par les communautés humaines primitives. Je reviens à votre isolé, à votre homme supérieur : si haut qu'il tienne son cerveau devant les fronts prosternés d'admiration ou indifféremment courbés sur le sol, un même sang congestionne, du plus au moins, tous ces cerveaux. Si haut qu'il s'élève, c'est de parmi nous qu'il a pris son essor ; si loin qu'il s'en aille, c'est de chez nous qu'il est parti. Il ne reviendra pas à nous, mais nous suivrons sa trace ; car, s'il nous perd de vue nous l'apercevons toujours, et nous finissons bien par le rejoindre, fût-ce sur son tombeau. Quand nous sommes arrivés au terme de ce pèlerinage, que voyons-nous, avant de nous mettre en route à la suite de nouveaux éclaireurs ? Que c'est de nous-mêmes, morts et vivants, de notre humanité dont nous reconnaissons tous les traits comme nous appartenant en propre, qu'il a fait sa divinité. L'humanité se glorifie dans le culte de ses héros, et elle s'ennoblit dans la conscience de les avoir suscités. Même, en considération de l'effort vers le mieux, où ils la contraignirent, elle leur pardonne de l'avoir parfois menée par de fichus chemins et fait aboutir à d'incertains carrefours. Sa justice ne méconnaît que ceux qui, rompant tout communication avec elle, sont allés se perdre dans l'inconnu. Elle leur inflige le châtiment qu'ils se sont infligé eux-mêmes : elle les oublie, comme l'enfant oublie le petit ballon dont le fil s'est rompu, et qu'il sait ne devoir retrouver jamais. Mais je vous demande pardon, monsieur. Je touche à des sujets qui nous sont interdits, à nous autres gens de labeur. Selon vous, quiconque travaille de ses mains est condamné à ignorer les problèmes réservés à la méditation des hommes de loisir.

— Si je pensais ainsi, répondit Camille, vous me réfuteriez de manière à me faire douter. Mais ne montrez-vous pas quelque dédain de l'intelligence ?

— Non, puisque nous voulons la conquérir.

— C'est cela. Vous voulez la mettre à la portée de tous. N'est-ce pas l'amoindrir, alourdir son vol ?

— Si vous croyez cela, c'est que je me suis mal expliqué. Je demande que chacun de nous y ait accès, à la mesure de sa capacité. Je n'entends pas jucher toute l'humanité sur le même échelon. Je demande que ceux qui sont en haut ne brisent pas l'échelle. Je le demande pour eux, pour nous, pour l'avenir. Pour eux, car ils mourraient d'inanition ; pour nous, car nous serions privés des trésors qu'ils ont découverts ; pour l'avenir, car, une fois l'échelle à bas, adieu trésors et génies ! plus rien qu'une masse grouillante et rampante dans l'obscurité. Voilà ce que je reproche à votre Nietzsche de malheur : il brise l'échelle.

— Vous connaissez Nietzsche ! s'écria Camille avec une indicible surprise.

— De seconde main, seulement, par nos

universités populaires, répondit l'ouvrier. Mais je crois bien en avoir retenu l'essentiel. Selon lui, il faut des esclaves pour que les hommes libres grandissent dans le vaste champ du pouvoir et de la pensée. Eh bien, sauf respect pour un malheureux qui a payé son erreur de sa tête, votre Nietzsche est un abruti, comme nous disons entre ouvriers. Voyons, est-ce qu'un Victor Hugo aurait pu naître chez les Canaques qui n'arrivent pas à loger trois idées ensemble dans leur pauvre et plate caboche ! Est-ce qu'un Berthelot aurait pu avancer la chimie dans un pays où il n'y aurait pas même des ouvriers capables de fabriquer des instruments de laboratoire ! Seuls les grands peuples, je dis les peuples dont la masse est vivante d'un commencement de vie intellectuelle, sont capables de produire du génie. Sans l'Europe, est-ce que la Russie aurait pu faire surgir un Tolstoï de son double troupeau de boïards et de moujiks !

— Pourtant, l'antiquité... objecta Camille.

— Fichtre ! elle avait des esclaves qui étaient des poètes comme Esope, et des philosophes comme Epictète. Il ne faut pas comparer, c'est trop différent.

Camille acquiesça par son silence. A ce moment, midi sonna.

— Excusez-moi, monsieur, lui dit l'ouvrier. Voici l'heure de mon déjeûner.

Tout en rangeant ses outils il ajouta :

— Je puis bien dire que je ne l'ai pas gagné ce matin.

Camille songea qu'il ne s'était jamais adressé un tel reproche au moment de se mettre à table. Pourtant, il avait conscience qu'il ne l'eût pas mérité cette fois.

— Voulez-vous me faire l'amitié de partager mon déjeûner ? dit-il à l'ouvrier.

Celui-ci eut une hésitation, dictée par la politesse.

Camille insista :

— Nous serons plus à l'aise pour continuer notre conversation, fit-il.

VI

LA VIE SE MESURE-T-ELLE A LA DURÉE ?

Quand ils se trouvèrent attablés en face l'un de l'autre, dans l'élégante salle à manger aux bois harmonieusement travaillés par un artiste, devant des porcelaines, des cristaux, de l'argenterie, Camille sentit qu'il reprenait tous ses avantages. Il se dit que son convive était plus propre à fabriquer ces sièges d'un travail si plaisant à l'œil, qu'à s'y tenir avec quelque aisance. Il nota le pain coupé avec le couteau, et quelques autres menues fautes de goût. Mais il se blâma vite de s'être complu à ces détails. Comme s'il l'avait deviné, l'ouvrier lui dit d'un ton à la fois réservé et malicieux :

— Cela doit s'apprendre assez vite, de vivre en homme riche.

— Très vite, et c'est de peu d'importance, affirma gravement Camille.

— Pour certains, oui, fit l'ouvrier, qui avait senti que son hôte n'avait point parlé ainsi par pure condescendance hospitalière.

Il reprit :

— Pour d'autres, non. Là aussi il y a des échelons... Je me rappelle un de mes camarades de jeunesse, qui a gagné de la vaisselle d'argent, et un bel hôtel autour, à détourner, grâce à un bailleur de fonds, la clientèle de la coopérative de production dont il était le gérant. Il reçoit à présent des préfets et des évêques à sa table, mais il sauce toujours son pain au bout de son couteau, comme au temps où il était compagnon... Quand la machine-outil aura libéré nos doigts et nos corps des besognes déformantes et contraint nos cerveaux à se meubler de calculs, de combinaisons et d'idées, nous pourrons créer pour nous ce milieu d'élégance qui est une de vos supériorités, et nous y adapter. Déjà les vachères d'Amérique jouent du Beethoven, et les mécaniciens australiens vont à leur cercle en habit, une fleur à la boutonnière.

— Oui, fit Camille songeur. Votre idéal ne vous asservit pas. Il est bien pour vous un moyen de faire la vie individuelle plus large et plus belle. Et vous avez bien commencé par le commencement, par la libération économique, mère des loisirs féconds...

— C'est parce que nous avons un but que nous trouvons la force de nous vouer aux menues besognes du commencement, dont nous connaissons la signification et la valeur. C'est fastidieux, croyez-moi, de se quereller avec le patron pour gagner cinq sous de plus par jour, ou pouvoir aller aux cabinets sans payer l'amende ; c'est fatigant de morigéner des camarades qui se refusent aux moyens, faute de concevoir le but ; c'est humiliant de quêter sou à sou les cotisations de pauvres diables, qui ont à peine pour vivre ; c'est abrutissant de délibérer avec des gars têtus et bornés, qui éternisent la plus insignifiante discussion et grossissent la moindre difficulté ; c'est cruel de boycotter ceux dont la défection menace de détruire l'œuvre si pénible des associés... Sans l'idéal toujours présent aux yeux des conscients, lequel d'entre eux consentirait à se tuer en de si misérables besognes !

— Donc, vous menez une existence de dévouement et de sacrifice, fit Camille dissimulant un retour agressif sous une forme admirative.

L'ouvrier fut dupe, et répondit, bonhomme :

— Non, je ne suis pas aussi dévoué que je le voudrais. Il m'est arrivé de bouder six mois mon syndicat, dont j'étais le trésorier, parce qu'on y avait suspecté ma probité. Vous voyez que j'ai reculé parfois devant mes devoirs.

Camille démasqua ses batteries.

— Je vous y prends ! cria-t-il avec une joie d'enfant. Votre idéal vous impose des devoirs.

— C'est vrai, répondit l'ouvrier. Je pourrais, sans trop ruser devant votre attaque, vous dire que mes devoirs sont à moi, imposés par moi, en vue de réaliser mon idéal, qui est pour moi, par l'ensemble de mes compagnons, qui travaillent pour moi en même temps que je leur donne la réciproque.

— Que vous en reste-t-il, si cet idéal, votre création, exige votre disparition, par le sacrifice de votre vie?

— La vie se mesure-t-elle à la durée? Les jouissances qu'elle donne se mesurent-elles au tas de nourriture consommé ou à consommer? Est-ce renoncer à la vie que la vouloir vivre en intensité et en beauté? Faire sa volonté, se magnifier, fût-ce à ses propres yeux, conformément à l'idéal, est-ce se sacrifier? Incarner sciemment en soi l'espèce, agir pour l'accroître aux dimensions de son propre idéal, la façonner selon son propre plan, quel homme digne de ce nom refuserait la mort au prix d'une telle victoire, dût-il être pendu entre deux larrons! Quoi! je me dirais un homme libre, et je ne pourrais pas même faire par réflexion ce que, d'instinct et sous l'impulsion de l'espèce, le passant fait lorsqu'il se jette à l'eau pour repêcher un inconnu ! Où donc, alors, placez-vous la liberté et la beauté du surhumain que vous rêvez !... Mais il est temps que j'aille ajuster mes planches.

— Encore un mot, fit Camille en retenant du geste l'ouvrier qui se levait. Celui-ci se rassit.

Le jeune homme se recueillit un instant. Puis :

— Reconnaissez-vous à l'espèce, représentée par ses chefs, le droit de sacrifier un de ses membres au salut commun ? dit-il.

— C'est me demander si un crime devient un acte vertueux quand il est commis par tous, s'écria l'ouvrier avec indignation.

— J'ai mal posé la question, reprit Camille. Voici ce que je voulais dire : en cas de conflit entre la nécessité et la justice, laquelle doit céder ?

— Dans l'ordre naturel, nécessité et justice c'est tout un. Dans l'ordre humain, dès que deux hommes s'associent, fût-ce par un rapport de maître à esclave, la justice apparaît, et la nécessité recule. Dans l'ordre civilisé, devant des esprits tournés vers l'avenir, une telle question ne doit pas même être posée.

— Merci de la leçon.

— Une leçon ! Vous n'en aviez pas besoin, je pense, monsieur ?

— Non. Je suis de votre avis... Pourquoi tous les ouvriers ne sont-ils pas comme vous !

— En admettant que je sois un modèle ! se récria l'ouvrier. Toujours est-il que je crois mes idées bonnes, conformes à la vraie vie, celle de demain ; je les voudrais partager, améliorées et agrandies, avec l'humanité tout entière. Mais Paris ne s'est pas bâti en un jour. Ah ! si les gens comme vous nous aidaient, nous aimaient un peu !... S'ils comprenaient que nous ne demandons qu'à aimer et suivre ceux qui se lèveront pour nous guider vers la lumière ! Portés sur nos épaules, comme ils iraient loin, comme ils iraient haut !

— A la Chambre et au Sénat, fit ironiquement Camille.

L'ouvrier haussa les épaules, se leva et dit, en regagnant son travail :

— Excusez-moi, monsieur, de vous avoir fait perdre votre temps.

Et il laissa Camille fort mécontent de lui-même.

XVI

LE REPOS EST DANS L'ACTION

I

« AU COMMENCEMENT ÉTAIT L'ACTION »
(GOETHE).

Paris, 6 avril.

J'ai enfin compris, mon cher ami, que seule l'action alimente le rêve, et lui permet de se renouveler et de s'élargir. Cette leçon, vous me l'aviez vainement offerte ; je n'étais point alors en état de la recevoir, et il m'a fallu être la dupe d'une nouvelle mystification. Mais mon individualisme de pacotille, dernière fumée de l'explosion révolutionnaire, n'a pas tenu au contact des réalités. J'ai enfin renoncé à me créer par la pure opération de l'esprit. Un ouvrier, en qui l'âme de demain vit d'une vie ardente et fraternelle, vient d'achever la cure que vous aviez commencée. Je sais à présent qu'on ne peut s'accroître sans se donner, et je veux être une valeur à la mesure de mes forces, sinon de mes désirs. Loin de moi l'orgueilleuse humilité qui fait dire à certains « qu'ils vont au peuple » comme on dit : « Je vais voir mes pauvres». J'aime mieux dire, selon la justice, que je vais au marché, y porter le peu que je possède et tâcher d'en emporter le plus que je pourrai. J'aime mieux dire, selon l'amour, que, tel l'enfant prodigue, je rentre dans ma famille, ne lui apportant que mon dénuement et mon droit à être d'autant plus aimé que j'ai moins aimé moi-même. Mais à quelle tâche m'employer, où je n'aie point trop honte de mon insuffisance, où l'on n'ait point trop regret de m'avoir accueilli ? Ce qui manque à ceux que je rejoins enfin, c'est la lumière. Je n'aurais, hélas ! à leur apporter que des reflets brisés. Mais en attendant qu'en mon esprit se rallume le flambeau des certitudes qu'on peut communiquer sans craindre de les confondre avec les feux-follets qui dansent au-dessus des morts, je veux me rendre utile, autant à moi-même qu'aux autres. Trop de pensées isolées de l'action, trop de formules vides de toute réalité ont passé dans mon cerveau pour qu'il soit, avant longtemps peut-être, autre chose qu'un écho vide et sonore. Tel quel, et vaille que vaille, cela peut servir. Vous avez organisé à Montmartre des lectures populaires qui éveillent à l'art et à la pensée nos frères attardés. C'est à ceux-ci que doit aller ma réparation, pour tout le mépris imbécile où je les ai trop longtemps tenus. Comptez-moi parmi vos lecteurs, je vous prie, et je pourrai ainsi accéder à la vie complète par le chemin que j'aurais dû prendre tout d'abord, puisque comme vous me l'aviez inutilement rappelé, — et je suis certain à présent que vous ne me trompiez pas, — « au commencement était l'action ». Aimez-moi.

CAMILLE.

II

N'ÉGORGEONS PAS LES VAINCUS

Accepté, mon cher Camille. Le toujours jeune Goethe a vaincu le déjà vieux Nietzsche. Mais n'oubliez pas que les Romains, ces grands victorieux, n'égorgeaient pas les vaincus. Ils les incorporaient, et c'est ainsi qu'ils ont créé la cité universelle. Nous reparlerons de cela quand vous aurez lu tout l'admirable Guyau — oui, monsieur, tout! — à notre université populaire, où vous attendent demain votre ami l'ébéniste et celui qui vous embrasse de tout son cœur.

FERRALS.

FIN

Mayenne, Imprimerie Ch. Colin.

www.ingramcontent.com/pod-product-compliance
Ingram Content Group UK Ltd.
Pitfield, Milton Keynes, MK11 3LW, UK
UKHW020441200726
13857UKWH00002B/515